百姓一揆

若尾政希
Masaki Wakao

Eurus
Notus
Zephyrus

岩波新書
1750

はじめに

本書のタイトルは、百姓一揆である。百姓一揆と聞いて、何を思われるであろうか。民衆のたたかいに焦点をあわせ、歴史を叙述するのは大事だと考える方もおられるであろう。その一方で、民衆は一揆を起こすことはあったかも知れないが、それは一生に一度あるかどうかの「非日常」に過ぎないのであって、むしろ民衆の「日常性」を解明することが大事ではないかと考える方も多いと思う。

昭和の初め、有名な民俗学者の柳田国男《やなぎたくにお》は、当時の農民史研究が、農民の歴史を一揆・飢饉災害の事件史としてしまっていることを批判し、むしろ農民の「日常性」の歴史を解明する必要を強調し、同趣旨の発言をしていた。一九八二年に『一揆』(岩波新書)を書いた勝俣鎮夫《かつまたしずお》は、この柳田の発言を引くところから叙述をはじめている。

確かに「一揆は非日常性をその本質とする歴史的事象」であると、勝俣は柳田に同意する。しかし、柳田が「同じ非日常的な場である「祭」を素材として常民の生活のなかにおける日常的深層意識を見事に解明したように、一揆をとおして、日本の歴史の基層に生きつづけた集団心性を掘りおこすことが可能であると考える」と述べて、勝俣は考察をはじめるのである。

一九八〇年代半ばの私は、この勝俣の問題提起に共感し、夢中で読んだ。こう述べると、本書が、日本中世史家勝俣の『一揆』のいわば続篇（近世篇）だと理解する方がおられるかも知れない。しかし、あらかじめ申し述べておくと、私はそのような観点で本書を書いたわけではない。誤解を恐れずに言えば、三十数年ほど前の私は、勝俣の問題提起に納得し共感した。だが、二〇一〇年代末の現在《いま》を生きる私には、もはや勝俣のような問題提起はできないと考えている。いつのまにか、問題感覚がずれてしまったのである。

何がどう変わったのか。詳細は後述するが、一つ二つ述べておこう。

まず、日本近世という時代のイメージが、大きく変わった。かつては近世という時代を語るときに、領主権力の専制的・集権的性格を強調するのが一般的であった。むき出しの強権を振るう権力者と、搾取され抑圧にあえぐ民衆。鬱屈した民衆の憤懣が積み重なって百姓一揆が勃発。一揆は、革命を希求した階級闘争だと位置づけられてきた。だが、このような『カムイ伝』さながらの歴史叙述は、現在では通用しない。百姓一揆像も日本近世社会像も変わってきているのだから、勝俣の時代の問題意識を継承できないのも当然である。

くわえて、百姓一揆を「非日常」として、「日常」から切り離すのも、今の私には違和感がある。また、日本の歴史の基層に「集団心性」なるものが生き続けているという見方は、当時流行の社会史研究の影響を受けたものであるが、私自身はそのような手法はとらないことも、ここで申し述べておきたい。

百姓一揆は、幕藩領主層や地方《じかた》役人と、百姓との関係のなかで起きるのであって、百姓一揆について叙述することは、時代や社会の全体を描くことである。本書は、百姓一揆の歴史像を問い直すことによって、日本の近世がどのような時代であったのかを考え直そうとするものである。

目　次

目次

第一章　近世日本はどんな社会だったか

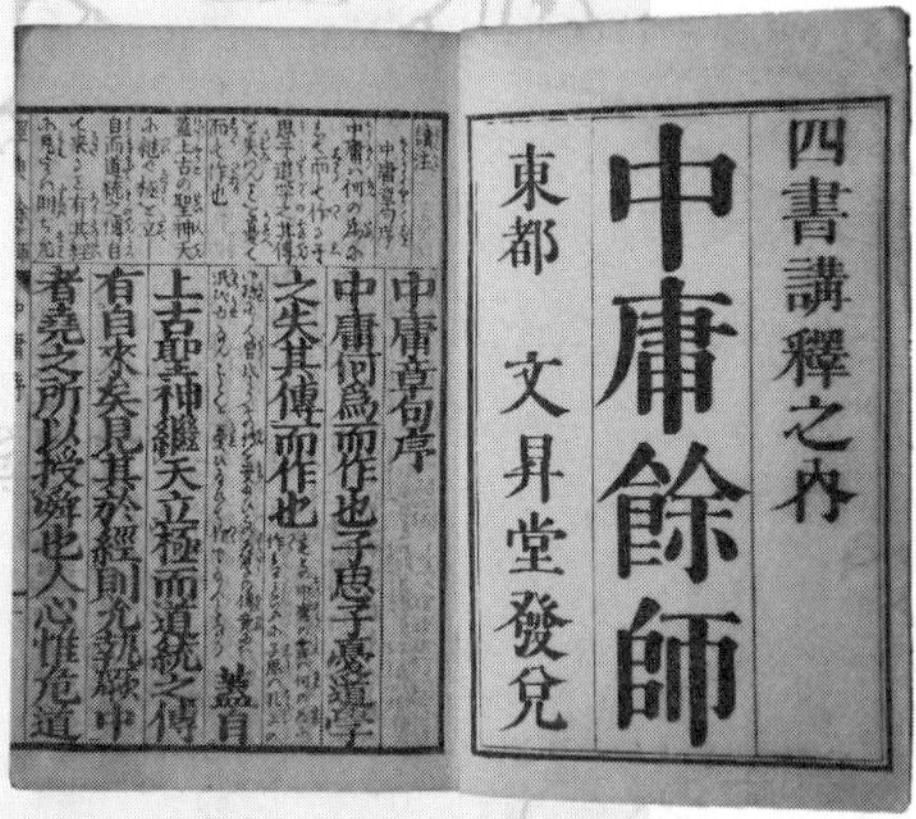

自習用の儒学テキスト『経典余師』のひとつ『中庸余師』(若尾政希蔵)

1　近世社会像の転換

階級闘争としての百姓一揆

日本の近世、江戸時代について、どのようなイメージをお持ちであろうか。

先にも述べたが、かつては、近世の政治支配について、領主権力が暴力を独占し、むき出しの強権によって民衆を抑圧し、とことん収奪していたととらえるのが一般的であった。そして、疲弊した民衆は、やむにやまれず蜂起し、百姓一揆が起きたと描かれてきた。私自身が学んできた近世史像・百姓一揆像も、このようなものであった。

こうした、領主階級を打倒しようとした「階級闘争」としての百姓一揆像が強く押し出されたのは、一九六〇年代から七〇年代の時期であった。とりわけ七〇年前後の時代的雰囲気をかたどったのは、「人民闘争」という歴史の見方――人民闘争史観――である。白土《しらと》三平《さんぺい》の『カムイ伝』は、そのような歴史観を承けて描かれた劇画であった。

二〇一七年に国立歴史民俗博物館で、「「1968年」―無数の問いの噴出の時代―」と題して、市民運動・住民運動や学生運動などが活発にくりひろげられた時代を描いた展示会が催され、話題になった。社会の各層から、ベトナム戦争、熊本水俣病、さらには政治や大学のあり方等に対して、なぜ、どうしてという問いが、まさにマグマのように噴出したのであるが、そのような時代にふさわしい歴史観が人民闘争史だったということができよう。

しかしながら、一九八〇年代に歴史研究をはじめた私には、人民闘争史研究がどういうものであったか、実感をもって理解することはできない。よって、日本近世史家の深谷《ふかや》克己《かつみ》が「生き証人の一人」として行った検証(「「人民闘争史研究」という歴史学運動——一九七〇年前後の危機意識と可能意識のもとで」)を、以下に紹介しておこう。

図1　企画展示「「1968年」—無数の問いの噴出の時代—」ポスター(デザイン：福田秀之，画像提供：国立歴史民俗博物館)

深谷によれば、一九六七年から、民主的で在野的な姿勢を重んじる歴史学会が、火の手があがるように次から次へと、人民闘争をテーマに大会報告や論集出版を行いはじめた。ところが、一九七二、七三年を画期として、人民闘争という文言は消え、人民闘争史は議論の中心ではなくなっていったという。すなわち「人民闘争史研究」という形をとった歴史学運動は、一九六七年から七二年まで六年間続いたと、深谷は結論づける。

では、人民闘争史とはどのような研究姿勢だったのか。深谷はそれを、現状に対する「危機意識」と「可能意識」とをともなった「われわれの歴史学」だったと規定する。

「危機意識」とは、帝国主義・軍国主義的歴史観などの反動イデオロギーが進行しているという意識である。「大学紛争・教科書検定・明治百年祭・建国記念日・沖縄返還・近代化論・農業衰退(過疎)・都市化(過密)・公害などによって揺さぶられる社会状況を、「独占資本主義段階の国家権力」からの攻撃ととらえ」、歴史を動かす「主体」としての人民に重心を置く歴史認識で、これに対応しようとしたのだという。

もう一方の「可能意識」とはなんだろう。当時、国際的には、「アジア・アフリカ・ラテンアメリカの民族独立運動の盛り上がり」や、社会主義国家がやがて階級の無い社会を実現するだろうという期待があった。「国内でのいわゆる「革新自治体」の登場も、そういう可能意識を後ろ支えした」という。「可能意識があるからこそ危機意識が高まり、危機意識が強いからこそ可能意識も増幅するという関係にあった」と深谷はふりかえる。この「われわれの歴史学」において、「危機を可能に変える「主体」」こそ、「労働者・農民・市民」から構成される広い「統一戦線」であり、その総称が「人民」とされたのだという。

ところが、深谷によれば、当時、「人民」と名指された当の人々は、雪崩《なだれ》を打つように大きく変容しつつあった。そして、人民闘争史研究を担った諸学会の足下にも流動状況が現れており、それが人民闘争史研究を支えるエネルギーになっていたのだが、その一方で、そこに参集した研究者は、階級構成という視点から固定的に人民——支配階級に対峙する存在としての人民——を見ていたので、「流動する「主体」を見抜けなかった」。

深谷は具体的に、一九七〇年前後に東京歴史科学研究会という学会に集った院生・学生たち（深谷も、また深谷と同様に一揆研究に大きな役割を果たすことになる後述の青木美智男も、そのメンバーであった）の事例を引きながら、人民闘争史研究が、時代の問題感覚とずれていく——リアリティーを失っていく——さまを、次のように描写している。

戦後日本の民主化課題は「反封建」、つまり封建的な社会の現状をいかに変革していくかということであった。ところが、当時の学生にとって、「重点はすでに「反既成」へと移っていた」。彼らは、「「反封建」を趣旨とする「戦後的」なものさえも「権威」化しているとして拒みはじめた。そうした新しい世代の登場により、人民闘争史研究を支えてきた問題意識は切り崩され、リアリティーを失っていったという。

こうして一九七〇年代半ばから、各学会は新たに台頭してきた「社会史」(岩波書店の雑誌『思想』が「社会史」を特集したのは一九七九年であった)との距離のとり方も意識しながら、新しい課題とテーマを探し、また「個々の研究者も自身のレーゾンデートル(存在意義)を探しはじめた」。

青木美智男は、一九七二—七三年頃から「公害被害の「住民」を中心においた「民衆」を主体概念として使うようになり、「世直し層」を「野暮層《やぼ》」という文化的下層イメージと組み合わせてふくらませていった」という。「世直し層」とは、世直し一揆(後述)を主導した人々のこと。「野暮層」とは、文化・文政期の文化の担い手となった民衆のことで、青木はその文化的力量を高く評価した。

一方の深谷は、一九七三年に「百姓一揆の思想」を『思想』に発表する。後であらためて取り上げるが、深谷はここで、階級闘争としてではなく、領主の「仁政」責務を迫る行動として百姓一揆を説明する。そして、さらにここから、領主たるものは百姓の家が「再生可能な経営水準を維持して」いけるよう保障すべきだという「百姓成立《ひゃくしょうなりたち》」という議論をふくらませていくことになる。

深谷による検証は、渦中にいた深谷自身も変わらざるを得なかったことが、当事者ならではの臨場感をもって語られていて、説得力をもつ。

『日本民衆の歴史』の歴史的位置

こうして、現実の日本社会の変容のなかで、百姓一揆像や、広く近世社会に対する歴史観も、大きく変わっていったのである。そのことを、ひとつの書物を例にとり検討してみよう。ちょうど人民闘争史研究の全盛期に企画され、一九七四年から出版されたのが、『日本民衆の歴史』(全一一巻)であった。その第一一巻の最後に置かれたのが、藤原彰「結び　近づく民衆の時代」である。

そこで藤原はいう。第一巻からたどってきた日本の民衆の歴史は、民衆こそが歴史の原動力であることを明らかにしてきたはずである。「そしていま、民衆自身が主役となってみずからの歴史をつくりあげていく時代をむかえようとしている」と。さらに藤原は、「過去の長い民衆のたたかいの歴史は、あたらしい時代をつくるこれからのたたかいのかてとなるであろう」と述べ、このシリーズを締めくくる。この文章は、一九七〇年頃の人民闘争史研究の問題感覚に依拠したものといえるだろう。

ところが、先に見たように、この書物が実際に出版された頃には、すでに問題感覚が変わりつつあった。もう一度、青木美智男に登場してもらうと、青木は同シリーズ第五巻の『世直し』を分担執筆している。注目すべきことに、その論文「民衆と天保改革」には、もはや階級闘争の歴史叙述といった様相は見られない。むしろ、のちの青木が生涯追究し続けることになる、文化・文政期の民衆文化史（「野暮」といわれた江戸下層社会の人々への着目）や生活文化史の原型が描き出されている。人民闘争史研究からの離陸と模索が、青木のなかで進展していたことを、うかがうことができるのである。

青木自身も、一九九九年に、当時をふりかえって次のように述べている。「重要なことは、この歴史叙述を通して、国家に対置されるすぐれて政治的な概念である「人民」より、きわめて一般的な被支配層全体を統括しうる概念としての「民衆」を歴史を動かす主体として位置づけ、経済・文化活動においても、支配層にはとらえきれない世界の存在と独自の役割を描こうとしたことが具体的に示された点である。以後、人民に代わって民衆史が大きくクローズアップされるきっかけになる」（『百姓一揆の時代』）。

こうして、支配・被支配の関係だけではなく、近世に生きた人々の多様なあり方を広くとらえるものとして、人民・人民闘争史に代わって「民衆」・「民衆史」という概念が定着してゆくのである。

近世史研究の転換――仁政イデオロギー論へ

一方、深谷の転換については、深谷個人の研究にとどまらず、近世史研究の大転換につながるものであった。ふりかえってみれば、この転換は、一九七〇年代半ばから八〇年代にかけてゆっくり着実に進行した。

きっかけは、深谷や宮沢誠一らが一九七三年に提起した「仁政イデオロギー」という議論であった。

彼らは、加賀藩第二代藩主の前田《まえだ》利常《としつね》（一五九三―一六五八）による藩政改革――「改作仕法《かいさくしほう》」という――を分析して、その政策基調が、「仁政」（「御救《おすくい》」「御恵《おめぐみ》」ともいう）を施すことによって小農民の家の保護・育成を目論《もくろ》んだものであることを見いだした。この政策の実行によって、領主は百姓が生存できるよう仁政を施し、百姓はそれに応えて年貢を皆済《かいさい》（すべて納めること）すべきだという、領主と百姓の間に相互的な関係意識が形成されたと論じたのである。

領主による仁政の強調は、現代からみれば、階級関係を隠蔽するための思想装置であったともみえることから、「仁政イデオロギー」と命名された。そして改作仕法は、寛永の飢饉による武士と民の疲弊を体制矛盾の表出と認識した幕藩領主が行った、「初期藩政改革」の典型と位置づけられた。そのことによって、仁政イデオロギーは近世社会通有のイデオロギーとして一般化されたのである。

そして、この仁政イデオロギー論は、百姓一揆に対する見方も変えていった。このイデオロギーのもとでは、百姓は「公儀」の「御百姓《おひゃくしょう》」、つまり公共的に認められた存在と見なされた。だから百姓は、自ら「御百姓意識」をもち、生存が脅かされる状況に立たされたとき、改善を求めて訴願をしたり、あるいはさらに一揆を起こしたりするのであるが、それはあくまでも仁政の回復を求めてのものだったと理解されるようになった。仁政が回復されれば、一揆は終熄するのであり、一揆は体制の打倒をめざす運動ではなかったのである。

深谷はさらに、一九七六年の論文「百姓一揆」において、「百姓一揆は幕藩制国家の存続を前提とする階級闘争であった」と結論づけた。これは保坂智《ほさかさとる》が指摘したように、羽仁五郎《はにごろう》らによってはじめられ、戦後民主主義運動の中で発展してきた、百姓一揆とは日本の歴史のなかでつちかわれてきた革命の伝統なのだという考え方(百姓一揆＝革命的伝統論)との決別であった。このように、一九七〇年代半ばに、百姓一揆像も大転換したのである。

その後、仁政イデオロギー論の意味も変わっていった。当初は、領主の施策の虚偽性、イデオロギー性を白日のもとにさらし、それを弾劾することに重点を置いていた。しかし、一九八〇年代に入ると、主導的な論者であった深谷自身が、領主と百姓の関係意識について新しい理解を提起しはじめた。

すなわち、領主と百姓、双方の利害がぶつかりあっていたことは確かである。しかし、そのぶつかりあいのなかで、両者に「合意」と呼んでもよい関係意識が形成されるようになると、深谷は考えるようになった。

同じ時期には、幕藩領主制の骨格をなす領主と民との関係、領主との家臣の関係について、両者の間の相互的契機に着目し、そこに契約・合意を見いだす朝尾直弘《あさおなおひろ》の見解も出された。その影響力は大きく、一九八〇年代後半になると、幕藩制国家の「公儀」(公共)的側面に注目した研究が次々と打ち出されてくる。むき出しの強権をふるう権力者という近世社会像は、すっかり影をひそめることになったのである。

かつては、百姓一揆を研究すれば、いつかは、歴史のなかで革命を希求してきた変革主体としての「人民」に出会えるはずだという思いが、人々を研究にかき立てた。しかし、それは幻想に過ぎないことが明らかになった。また、一九七〇年代は、『日本思想大系58　民衆運動の思想』や『編年百姓一揆史料集成』をはじめ、百姓一揆にかかわる史料集が続々と刊行され、百姓一揆を研究する環境が整った時期でもあったのであるが、そこに変革主体を見いだすことは、ついにできなかったのである。

2　転換の時代に生きて

同時代に生きて

ここで、ひとりの歴史家としての私自身の歩みを重ね合わせることを、お許しいただきたい。私が歴史研究を志したのは、上述のようにそれまでの近世社会の常識的イメージが大きく転換した後の、一九八〇年代前半であった。今からかえりみれば、常識的近世社会像の基盤となっていたものは、七〇年代半ばから八〇年代にかけてゆっくりと切り崩されていったのであるが、研究をはじめたばかりの私には、そうした内実は見通せなかった。

私が一生懸命学んだのは、やはり人民闘争史的な近世史像であり、それは当時の私には疑いようもないものにみえた。よって、近世社会に公共性や、領主・百姓間の相互関係を見いだそうという議論には、ついていけなかった。

私は、一九九二年に、そうした研究動向に抗して次のように述べた。「だからといって領主の「優しさ」(仁君)を描くことで終わってしまってはいけない。幕藩制権力が、なぜ「公儀」として民の前に立ちあらわれたのか、その歴史的必然性を真正面から問わなければならない」、

「仁政の欺瞞性を鋭くついた安藤昌益《あんどうしょうえき》の思想を素材にして、この問題に迫っていきたい」と（「安藤昌益の病気論」）。

領主制の本質は支配・被支配の身分差別にあり、近世社会はまごうかたなき階級社会であるという点は、私にはどうしても譲ることができなかった。後述するように、近世の特異な思想家、安藤昌益に着目したのも、当初はそうした問題意識の延長であった。

しかし、近世社会に対する見方が大きく変わり、私自身もそのなかで研究を深めていくにつれ、問題意識は変化していった。このことを、近世において儒学がどのような役割を果たしていたのかを見直すことによって、説明したい。

近世において儒学とは何だったのか

近世日本という時代をかたちづくった思想は儒学である、としばしば言われる。儒学、とりわけ朱子学が江戸幕府の正統教学に採用され、幕藩体制を正当化するイデオロギーとしての役割を果たしたという理解が、こんにちでも通用している。ためしに、受験生になった気分で、近世の儒学に関する次の問いに答えてほしい。

問　次の文章の①〜⑤のうち、正しいものに○、間違っているものに×を付けなさい。

①幕府は家康以来、幕藩体制支配の思想的裏づけとして儒学を重んじた。（　）

②儒学のうちでも朱子学は、主従・父子の別や上下の秩序、礼節を重んじたので、文治政治をすすめるうえで、身分制度や家族制度などの封建秩序を維持するのに適した教学として、幕府や藩の保護をうけた。（　）

③家康は、五山《ござん》の学僧出身の藤原惺窩《ふじわらせいか》をまねいて書を講じさせ、その門人林羅山《はやしらざん》(道春《どうしゅん》)を侍講《じこう》として登用した。（　）

④綱吉は一六九〇(元禄三)年、江戸の湯島に孔子をまつる大成殿《たいせいでん》を建て(湯島聖堂)、そこに林家《りんけ》の私塾を移して学生を養成させ、翌年、林信篤《はやしのぶあつ》(鳳岡《ほうこう》)を大学頭《だいがくのかみ》に任じた。（　）

⑤このの ち林家は、代々大学頭として幕府の教学をつかさどることになり、朱子学は幕府の官学となった。（　）

①から⑤の全部に○を付けた方もおられるかも知れない。

実は、教科書的には(現行の高校日本史の教科書に準拠すると)、すべて正しく、○が五つ並ぶ。

なぜなら、右の文章は、近年まで使われていた教科書の文章をそのまま引用したものであるから。実をいうと、他の教科書の記述も大同小異であり、どの教科書を用いてもよかったのだが、現行の教科書を俎上に載せるのは、その教科書で勉強している高校生にも影響を与えかねないので、あえて絶版となっている教科書を使わせていただいた。

変な言い方であるが、教科書的には正しくても、現在の研究状況からいうと、これらの文章の大部分は正しくない。実は、朱子学が日本近世の政治や社会に適合的な思想であったかどうかをめぐっては戦前から論争があって、その終止符が打たれたのは一九八〇年代半ばであった。かつての理解がどう改められたのか。先の五つの問いの一つひとつについて解説しながら見ていきたいと思う。

幕藩体制と儒学

まず、①であるが、初代将軍の徳川家康以来、幕藩体制を正当化する思想として儒学を重んじたというテーゼは、これまで言い習わされてきたことである。今も、高校の日本史教育では常識化しているかも知れないが、これは実証されたことではないため、証拠を挙げろといわれると困ってしまう。さしたる根拠もなく、いわれてきたのである。

そもそも、朱子学が幕府の「官学」（現在の研究では「正学」と表現し、この語は使わないのであるが）であり、羅山にはじまる林家が「官学の宗家」となったという理解は、丸山眞男の『日本政治思想史研究』の影響もあり、教科書にも書かれ常識としてながらく通用してきた。

しかしながら、これが誤りであることは、渡辺浩が三〇年も前に鋭く指摘しているのである（『近世日本社会と宋学』）。それ以降の思想史研究は、朱子学が日本の政治や社会に不適合な思想であったことを前提にして、そのような不適合性を持った思想が、変容・屈折しながら、近世という時代を通じて受容されていくプロセスの解明のほうに、研究の主眼が移ってきた。

では、近世社会を支えた思想が朱子学でないとすれば、何だったのか。こうした問いに答えて、たとえば前田勉は、近世社会において支配的な思想は「儒学」ではなく「兵学」だとする刺激的な議論を提示した。前田は、「幕府が羅山に求めていたもの」は「『東鑑』や『六韜』『三略』のような兵書などの知識であって、四書六経の儒学ではなかった」と述べ、儒学と現実の狭間で、羅山は疎外感を抱いたという（『近世日本の儒学と兵学』）。

私も、近世初頭に上層の武士たちに流行した『太平記』の講釈である「太平記読み」（軍書『太平記《たいへいき》評判《ひょうばん》秘伝《ひでん》理尽鈔《りじんしょう》』の講釈）が、幕藩体制の確立に大きな役割を果たしたという仮説を提起している（『「太平記読み」の時代』）。これについては、章を改めて詳しく論じることにしたい。

つづく②の文章も、実はまったく根拠がない。儒学のなかで、とりわけ朱子学が、主従・父子の別や上下の秩序、礼節を重んじる――これを大義名分と呼ぶ――という理解は何を根拠にしているのか、わからない。

儒学における基本的人間関係は「五倫《ごりん》」（父子、君臣、夫婦、兄弟《けいてい》、朋友）であり、それぞれの関係における守るべき徳目を「五常《ごじょう》」（父子の親《しん》、君臣の義、夫婦の別、兄弟の序《じょ》、朋友の信）という。対等な関係は、信により結びつく朋友関係のみで、他は、後者の前者への服従の関係である。このような五倫・五常の考え方が、中国の封建秩序から生まれた封建倫理であるのは確かであるが、「儒学のうちでも朱子学」が特別だという理解は誤りである。

付言すれば、儒学が封建倫理を説くにしても、現体制を正統・正当化するイデオロギー的な役割しか果たさないかというと、そうではない。これについては三宅正彦の議論があるので、紹介しておこう（「朱子学・近世思想の基底」）。

儒学では、五倫の筆頭は、父子の関係である。母子ではなく父子であるのが儒学的であるが、それはともかく、この父子の関係は人為で変えることができない先天的なものである。父が無道なことをしようとしたときに、子は父を諫めてやめさせなければならない。しかし、三度諫めても聞き入れられないときには、泣きながら、父に従わなければならない。これを「父子天《ふしてん》合《ごう》」という。

それに対し、君臣関係は、後天的なものである。「君臣義合《くんしんぎごう》」という言い方があり、義という徳目によって結びつけられていた関係である。よって、君が無道な行為をしようとしたときに、家臣は諌める。三度諌めても聞き入れられない場合には、義にそぐわない君臣関係であるとして、それを解消して去ることができる。別の君に仕えることも、あるいは無道な君を討伐して自らが君になること(これを放伐《ほうばつ》という)も、認められたのである。

つまり、儒学は、現体制を徹底的に批判し、革命を正当化する機能も果たしているのである(中国の歴代王朝は、まさにこれに則って、新王朝を樹立した)。これが本来の儒学思想である。

ところが、これが日本に入ってくると、様相が異なってくる。山崎闇斎《やまざきあんさい》(一六一九―一六八二)によれば、無道な行為をした君に対して、家臣は三度まで諌めることができるが、それでも聞き入れられない場合は従わざるを得ない。放伐なんてもってのほか、君臣関係を解消することすら許されないのである。その一方で、父が主君に反逆しようとしたときには、子はこれを主君に訴えねばならないとする。

このような、父子関係よりも君臣関係を優越させる考え方――三宅は「君臣天合化」と呼ぶ――が、日本では一般化していく。義に合わない君臣関係の解消を認めるという主張――それは本来の儒学の主張であるが――をしている儒学者を探すのは、実は大変である。

私は、闇斎の高弟で、垂加神道《すいかしんとう》を説くようになった闇斎を批判して師から絶縁された佐藤直方《さとうなおかた》がそのような発言をしているのをみつけて、感動(?)したことがあるが、それほど稀有なことなのである。このような思想の変容の背景について、三宅は、皇帝との君臣関係を解消しても帰る故郷があった中国の士大夫と、兵農分離により城下町に集住させられ、君臣関係を解消したら帰るべき場所をもたず、牢人(浪人)とならねばならなかった日本の武士との根本的相違にその原因を求めているが、首肯できる見解であろう。

近世社会に儒学が大きな役割を果たしたことは確かだとしても、それは決して一枚岩の思想体系ではないのである。

文治政治と儒学

話を②に戻そう。ここでは朱子学がどのような学問かについて、まったく触れられていないし、さらに、後半部分の、幕府や藩が文治政治をすすめるために「保護」したというのも、よくわからない。どういう事実をもって、保護したというのか。これも実証できていないことである。

むしろ、一七世紀の儒学者たちは、権力者により儒学が無用なものとみられている現状を嘆いている。たとえば、中江藤樹《なかえとうじゅ》（一六〇八―一六四八）が『翁問答《おきなもんどう》』のなかで、「世俗のとりざたに学問は物よみ坊主衆、あるひは出家などのわざにして、士のしわざにあらず、がくもんすぎたる人はぬるくて武用の役に立がたしなど云《いい》て、士のうちにがくもんする人あれば、却《かえっ》てそしり候《そうろわ》ぬ」と述べているように、武士層に儒学は受けいれられていない。

儒学者が、儒学の説くところを信じ、政治にかかわるべきだという使命感をもてばもつほど、物読みや書記役としてしか遇されない現実とのギャップに悩み、挫折感を味わうことになる。林羅山にしてしかりである。

文治政治についても一言述べておくと、近世の政治の手法・理念にかかわって、従来、三代将軍家光までの「武断政治」から、四代家綱の世に（最近では五代綱吉の世からともされる）「文治政治」へと転換したと説かれてきた。

江戸幕府は、武士が政治権力を掌握して支配を行う軍事政権としてはじまった。しかし、暴力むき出しの政治を長期間続けることは不可能である。現実には、法や裁判の制度を整備しそれにもとづき紛争を解決したり、武力でなく教化・教諭を通じて人々を従わせたりと、その政治姿勢を大きく変えていかざるを得なかった。これを武断政治から文治政治への転換と呼ぶことはできる。

しかしながら、問題となるのは、文治政治のなかみである。文治政治というとき、その基幹となる思想は儒学とされ、儒学的な徳治主義にもとづく政治というイメージで語られてきた。だが、儒学、とりわけ朱子学が江戸幕府の正統教学として採用されたという理解は、前述のように一九八〇年代半ばに否定された。実は、朱子学が大きな意味を持ってくるのは、一八世紀末の松平定信《まつだいらさだのぶ》による寛政の改革以降のことである。そのとき初めて、幕府の学校として昌平坂学問所《しょうへいざかがくもんじょ》（もと林家の家塾を幕府が直轄化）が開設され、朱子学が正学として奨励されたのであって、それ以前に幕府が朱子学を正統教学として採用したという事実はない。五代綱吉が儒学を愛好し孔子廟（湯島聖堂）を造らせたり、六代家宣《いえのぶ》が儒学を講じたりしたことは事実であるが、儒学を根幹において政治を行ったわけではないのである。

さらにいえば、儒学が一般民衆まで含めた広範な人々に受容されるのも、自学自習用の儒学テキスト『経典余師《けいてんよし》』が爆発的に流行した一八世紀末であった。

羅山・朱子学の実像と虚像

③の藤原惺窩・林羅山の記述は、この限りでは事実である。ただし、惺窩・羅山だけが重用

されたと理解したとしたら、それは間違いである。

家康の周辺には、たとえば、天台宗僧侶の天海《てんかい》もいたし、臨済宗僧侶の以心崇伝《いしんすうでん》もいた。本草・医術にたけた吉田意庵《よしだいあん》(宗恂《そうじゅん》とも。角倉了以《すみのくらりょうい》の弟)もいた。家康は学芸に関心を抱き、優れた人材を見いだすとともに、最先端の活字を用いて印刷事業を行わせたりした(時期により伏見版、駿河版といわれる)。このような家康に才能を認められた一群の人たちのなかの一人が、出家して道春と名乗った羅山であったのだが、羅山だけが突出した存在ではなかったことに注意する必要がある。

実は、羅山を特別の存在として描いているのは、『徳川実紀《とくがわじっき》』、そのなかでも家康一代記をまとめた「東照宮御実紀附録」である。『徳川実紀』とは何かというと、松平定信による寛政の改革の一環として、林家中興の祖とされる林述斎《はやしじゅっさい》(一七六八―一八四一)が中心となって編纂した幕府の正史である。

『徳川実紀』には、三代将軍家光の時代に、「慶安《けいあん》の御触書《おふれがき》」という百姓統制のための幕府法令が出されたと記述されている。しかし、実際には「慶安の御触書」は出されておらず、述斎が『徳川実紀』に書き込んだのではないかということを、山本英二が明らかにしている。

そして、まさに同じことが羅山についても行われたのだと推定される。すなわち朱子学が正学となり、林家の私塾が幕府直轄の昌平坂学問所となった一九世紀初めに、述斎は、林家の祖である羅山を美化し、その奉ずる朱子学が当初から「官学」であったと、幕府の歴史のなかに描き込んだのである。

先へ急ごう。④の綱吉の施策は、事実であり、○である。このあたりの経緯については、近年、揖斐高《いびたかし》『江戸幕府と儒学者――林羅山・鵞峰・鳳岡三代の闘い』が刊行された。サブタイトルの「闘い」の言葉が示すように、「初代羅山・二代鵞峰・三代鳳岡は、歴代将軍の寵用と冷遇に翻弄されながらも、江戸期朱子学の確立に奔走した」のである。

最後の⑤は、間違いではない。先にも述べたように、朱子学が「官学」となるのは一八世紀末であるから、一七世紀末の綱吉の時代の「のち」であることは確かである。しかしながら、一〇〇年も後のことを指して、「こののち」と叙述するのは無理があるだろう。この教科書を読んだ高校生が、綱吉の施策によって、その直後に朱子学は「官学」となったと誤解する可能性もある。不適切な表現だといえよう。

以上、日本史の教科書における近世儒学に関する叙述を検討してきた。一九八〇年代半ばを転機にして、儒学の歴史的役割についての理解が大きく変わり、それにともなって日本近世の政治・社会についてのイメージも修正を迫られてきたのである。

では、近世という時代に生きた人たちは、どのように自らの思想や、生き方をかたちづくっていたのであろうか。

「個人」の思想形成に着目してみる

かつて、近代以前の社会において「個人」はいないのだと言われたことがあった。人は家や村といった共同体に従属(埋没)しており、個として析出されるのは近代を待たねばならなかった、と。

もし、本当に「個人」がいないのであれば、安藤昌益をはじめとする個々人の思想形成を解明したいという私の研究は、はなから意味がないということになる。実際に、私は、やろうとしていることが意味がないのではないかと悩みながら研究を続けてきたのである。

だが、今は、そうした理解は誤りだったと断言できる。近世においても「個人」はいたのであり、近世を生きた個々人の意識・思想の形成過程に焦点をあわせることによって、近世という時代をとらえることができると私は考えている。

また、思想形成というと、社会の上層の者、一部の知識人だけのものと思われがちであるが、実はそうではない。

たとえば、武蔵国川越（現埼玉県川越市）の塩商人榎本弥左衛門《えのもとやざえもん》（一六二五―一六八六）は、晩年にこう回顧している（『榎本弥左衛門覚書』）。二一歳の時、正直に、驕らないよう努めたけれども、若かったため周りの人たちには評価されなかった、と。ここには、自己評価と世間の評価との乖離に悩む姿をみることができる。

他人の目を気にしながら、いかに自己を形成したらよいかわからない。どうしたらよいか納得できず、心が落ち着かない状態の中で、弥左衛門は、「可笑記をよみ候て心おち付申候」と述懐している。『可笑記《かしょうき》』とは、斎藤親盛《さいとうちかもり》（筆名如儡子《にょらいし》、一六〇三―一六七四）が著した仮名草子《かなぞうし》である。弥左衛門の思想形成において、読書が大きな意味を持っていたのである。

これは、弥左衛門だけに特異のことではない。日本の近世では、この列島の津々浦々で同じような実感をもつ人々が出てきた。上は領主から下は民衆まで、さまざまな階層からなる近世の人々がいかに思想形成をしていったのか、という視点から、時代を描いていくことは可能なのである。

書物と読書を手がかりに

二一歳で『可笑記』を読んで心を落ち着けた弥左衛門は、五六歳のときに、一四歳で嫁ぐ娘

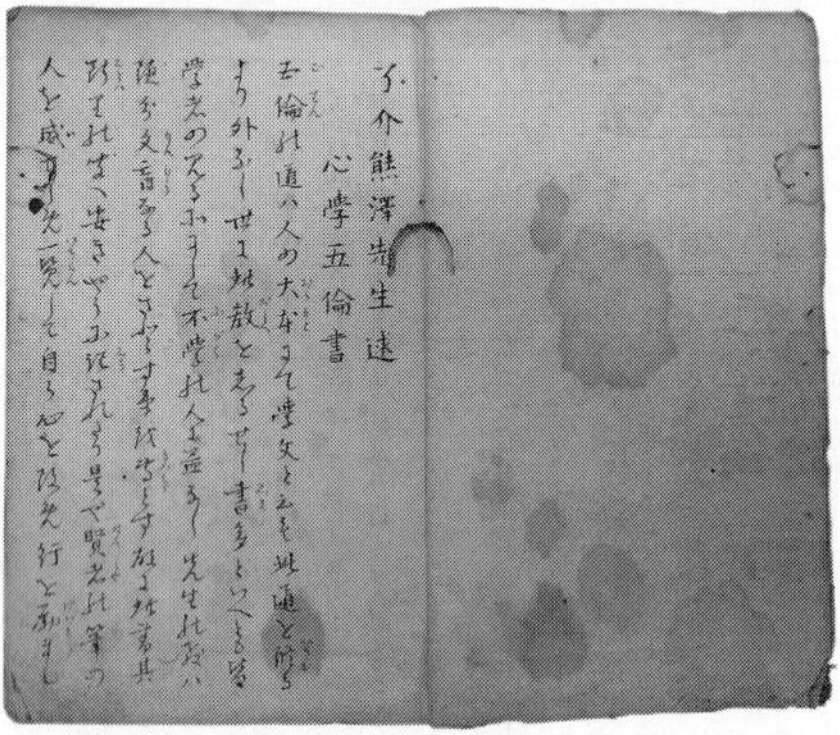

図2 『心学五倫書』は熊沢蕃山の著作とされ，広く流布した(若尾政希蔵)

お竹に、『女鏡《おんなかがみ》』『心学五倫書《しんがくごりんしょ》』など七冊の仮名書きの書物をもたせ、日々に読んで講釈は亭主から受けるように意見して送り出した。書物を読めば、上気をしずめ心を落ち着かせ、病が出ないのだと述べて。

日本に商業出版が成立したのは、一七世紀である。営利を目的とした本屋の出現は、その背景に出版技術の発達があるが、何よりも書物を購入して読もうという人々(需要)の存在を待って、初めて可能であった。近世日本は、出版された書物(版本)と写本とが流通し、読まれ書写された時代である。

書物の登場とその普及は、一七世紀から現代までを書物の時代と一括りできるほどの、大きな変革であった。京・大坂からはじまった出版業は一七世紀後半には江戸に、一八世紀半ば以降は名古屋、仙台といった地方の城下町にも波及し、一九世紀には列島の各地に小売りを専門とする業者が現れ、近代を迎えたのである。

こう述べると、おそらく少なからぬ方々から、本屋ができ書物が売られたとしても、書物を読むことができるのは支配者＝武士であり、民衆には関係ないという反論が返ってくるであろう。支配者により「民は由らしむべし、知らしむべからず」と無知蒙昧な状態におかれていた民衆が、書物を読むなんてありえない、と。確かに、こうした民衆観が常識として長いあいだ、通用してきたのであり、私もかつてそうした常識の世界に埋没していた。

しかし、実はそうではない。私は、卒業論文を書きはじめた一九八二年から今日まで、安藤昌益の読書に焦点をあわせた研究を行ってきた。安藤昌益（一七〇三－一七六二）とは、高校の日本史の教科書に「奥州八戸の医者安藤昌益は『自然真営道《しぜんしんえいどう》』を著して、万人がみずから耕作して生活する自然の世を理想とし、武士が農民から搾取する社会や身分社会を鋭く批判した」と特筆される人物である。本書と同じ岩波新書として一九五〇年に出版されたハーバート・ノーマンの名著『忘れられた思想家──安藤昌益のこと』（上・下）により、戦後よく知られるようになり、教科書にも載るようになったこの人物の生涯や、いかに思想形成したのかについては、まったく謎に包まれている。

昌益はどういう書物を読んだのか、述べていない。したがって、その思想形成をあとづけるためには、昌益が残した著作の一言一句を綿密に分析することによって、昌益が確実に読んだ書物を掘り起こしていかねばならなかった。粘り強い作業の末、ようやくにして、昌益が医書

『類経《るいけい》』や『本草綱目《ほんぞうこうもく》』『一本堂薬選《いっぽんどうやくせん》』を読んで医学を学んだことを明らかにできた。

また西川如見《にしかわじょけん》の『教童暦談《きょうどうれきだん》』を読んで天文暦学を、『韻鏡諸抄大成《いんきょうしょしょうたいせい》』を読んで音韻学を、『通俗列国志十二朝軍談《つうぞくれっこくしじゅうにちょうぐんだん》』や年表『和漢合運指掌図《わかんごううんししょうず》』等を読んで日本・中国の歴史を、さらに『太平記大全』については抜粋ノートまで作成してさまざまな知識・思想を学んでいたことがわかってきた。こうして、謎だった彼の学問・思想形成が少しずつ明らかになってきたのである。

昌益が読んだ書物は、専門の医学・薬学以外は、漢字カタカナ交じり文体に送り仮名をつけた通俗的なものであった。ここから昌益の読書は、たとえば漢文で書かれた儒学の経書を注釈の字句にこだわりながら読み込んでいくような、荻生《おぎゅう》徂徠《そらい》（一六六六―一七二八）や伊藤仁斎《いとうじんさい》（一六二七―一七〇五）といった当代を代表する一流の知識人のそれとは明らかに異なることもわかった。だが、それが同時代においてどのような位置にあるのか、なかなか理解できなかった。

私が、昌益の読書が、当時の武士から民衆上層までの人々に通じる広がりをもつもの（中間的文化層）だと確信したのは、一九九〇年代半ばであった。この時期は、今からふりかえれば、私だけでなく日本の近世史研究全体においても大きな画期であった。

戦後の歴史研究は、各地の蔵に眠っていた文書の掘り起こしと分析によって新たな境地を開いてきた。手書きの文書が歴史を叙述する一次史料として脚光を浴び、日本全国で史料調査が行われ、文書の整理と目録の作成がなされてきた。

ところが、そこでは文書のみが重視され、文書とともに書物が出てきても、書物は複製物（印刷・書写）であるとして、史料的価値を見いだされず「邪魔もの」扱いにされ、整理の対象とならなかった。たとえ整理したとしても、扱いに慣れていないためどう整理したらよいのかわからず、せいぜいが目録の「雑」の部に入れられ、分析の対象となってこなかったのである。

こうした状況をいちはやく批判したのは、青木美智男であった。一九八四年に次のように述べている。「わたくしたちが各地へ古文書の調査に訪問した時、いろいろな村方文書の中に時折散見される絵入の版本類や村びとたちが巻いた歌仙（連句）などを、これは汚い雑本だからとか、月並なありふれた連句集だからといって「雑」の分類にまわす時代はすでに過去のものとなっている。これからは、手垢《てあか》のついた版本（何度、何人かに読まれた）もふくめて丹念に整理し内容を検討して、村方文書の分析とあわせてあらたな時代像を構築しようとする研究姿勢が求められつつあると思う」、と（「史料としての近世文芸」）。この青木の見解は、当時においては斬新過ぎた。書物を史料とした歴史研究が出てくるのはまだまだ先のことで、一〇年後の一九九〇年代半ばまで待たねばならなかったのである。

実は、さらにその一〇年前の一九七四年に青木は、文書がなぜ書かれ、なぜ残され、現在まで保存されてきたのかという問題は、「領主支配とそれに対する人民のたたかいの立場、つまり階級的視点から解明される必要がある」と述べ、次のように説明していた(「科学的な近世史料学の確立を」)。

近世には、村請制《むらうけせい》という百姓支配の体制が敷かれた。この村請制では、領主が個々の百姓に直接支配を及ぼすのではなく、検地にもとづき、文書によって村落全体に命令を下し、年貢を課す。そして村落側では、庄屋などの村役人が村内での年貢徴収の責任を担う。この方式は、文書による支配を人々に強制するものであったが、青木は、その一方で、文字は、百姓自身の利害を守る武器にもなっていったと主張して、次のように述べる。

はじめは、〔訴願に際して、訴訟を専門にする〕江戸の公事宿《くじやど》の主人に文章をしたためてもらっていた百姓たちが、自分の主張を文章化し、その能力が、次に、自分の意識と思想を表現するための基礎になっていく。農民自身の書いた百姓一揆物語りの写しなどを各地の農民の古文書のなかに見つけることは簡単である。

百姓一揆物語についてはのちの章で詳しく検討するが、「雑」分類のなかに葬り去られていたそうした書物への着目が、一九七〇年代半ばにすでに行われていたのである。

さらに探してみると、青木は、一九七一年に「幕末の、ある村芝居興業〔ママ〕と世直しについて」という一五〇〇字に満たない論考を書いている。そのなかで、駿府(現静岡市)あたりの村の若者たちが、教えてもらった歌舞伎に夢中になり、廻り舞台まで建てて芝居興行をしようとするが、幕府役人に止められ断念したという逸話を引く。そして、こうした状況は、幕末の関東周辺の村々では日常的に見られることで、「われわれが村落史料を探訪するときに」、「佐倉宗吾郎などをモデルとした数多くの狂言・浄瑠璃などの写本を見ることができることからもうかがわれ」ると述べている。

さて、青木のような先覚者は別にして、一般に書物に着目して書物を史料として近世史を語ろうとする研究が出てきたのは、九〇年代半ばであった。

一例を挙げれば、阪神淡路の大地震後の史料救済活動の中で、庶民が膨大な蔵書を持つことに新鮮な驚きを感じた横田冬彦は、畿内をフィールドにした蔵書調査を行った。そして、一七〇〇年前後には畿内村落において知的読者層が成立していること、そして近世の政治支配はそのような在地社会の知の水準を踏まえた上での支配であったという刺激的な論点を提起した。

それから十数年経過し、二〇〇〇年代半ばにして、ようやく歴史研究は、文書にくわえ書物をも史料として歴史を叙述できる段階に到達したのである。

こうして、書物や読書を手がかりにすることによって、近世を生きた人たちが、何を学び、何を考えていたのか、何に悩み、それをどう乗り越えようとしたのか、といった個々人の内面に関することが解明できるようになった。具体的な思想形成のあり方についても、わかるようになった。そして、一揆を担った百姓たちも、まさにそうした思想形成を行う存在だったのである。

第二章 百姓一揆像の転換

『夢の浮橋』より，天保 12 年(1841)2 月 1 日，酒田大浜での百姓の「大寄」．中央右は，集会を中止するよう説得に来た庄内藩の役人たち(致道博物館蔵)

1　『民衆運動史』と展示「地鳴り山鳴り」と

一九七〇年代半ば以降の一揆研究

第一章に見たように、仁政イデオロギー論は、百姓一揆に対する見方も変えた。おさらいしておくと、百姓は、自らの生存が脅かされる状況で、訴願をしたり、一揆を起こしたりするのであるが、これはあくまでも仁政の回復を求めてのものと理解されるようになった。仁政が回復されれば、一揆は終熄するのである。

他方、領主側にも、領主たるものは百姓の生存を保障する責務があるという観念（「百姓成立」）が一般的となる。日本には基本的人権という観念は育たなかったとよくいわれるが、領主が民の生命の再生産を保障すべきだという、生存権保障の観念は、近世社会に成立しているといえるのである。

百姓一揆を研究しても、「変革主体」に出会えないのであるから、百姓一揆への関心は失せてしまったと考えがちであるが、実際には一九七〇年代半ば以降も、一揆研究は盛んに行われ続けた（その一端は、保坂智が編んだ『百姓一揆研究文献総目録』からうかがうことができる）。逆説的な言い方であるが、変革主体探しへの熱情が冷めたがゆえに、それまで研究者が見てこなかったことが見えてきたのである。

すなわち、百姓の運動が訴訟段階から一揆へと展開するプロセスの解明や、一揆に立ち上がった百姓の出で立ちや「得物《えもの》」（得意とする道具）や作法等に研究者の関心が向けられ、いくつもの重要な点が明らかにされた。

その詳細は次節で述べることにして、ここでは、人民闘争史研究以降の一揆研究の歩みについて整理しておこう。

一九八一年には、『一揆』全五巻が刊行されている。これは、一揆という視点から、中世から近世までを描こうとするもので、三三名もの研究者による三年以上の共同研究の成果である。一揆を、「「前近代日本の固有の階級闘争」と理解する立場」からの企画だとうたっていることから、七〇年前後の問題意識が引き継がれていることがわかる。なお、勝俣鎮夫の『一揆』も、この共同研究の成果のひとつである。

さらに、一九九九年一一月から翌年八月にかけては、『民衆運動史――近世から近代へ』全五巻が刊行された。百姓一揆だけでなく、村方《むらかた》騒動（領主に対する運動ではなく、小作農による村役人への抗議など、村落内での紛争）や国訴《こくそ》（百姓や町人が、領地の枠組みを越え広範囲に結集して要求を行う。幕末に頻発）なども含めて広く民衆運動を対象としていることから、『民衆運動史』というタイトルになっている。

編者の深谷克己によれば、このシリーズの計画がはじまったのは、一九九〇年代に入ってまもない頃だったという。深谷はいう。当初は、民衆運動史研究の凋落《ちょうらく》を挽回しなければならないというような気分が強かった。しかし、全巻のプランができる頃には、凋落の兆候もあるにはあるが、基礎的な史料集、自治体史の史料集などはむしろ蓄積されてきており、しかもこれまで民衆運動史とみられなかったテーマのなかで、じつは民衆運動史につながる成果が豊富に蓄積されてきていることを理解するようになった、と（『民衆運動史』第五巻「あとがき」）。

深谷のこの発言から、一九九〇年代の初めには、民衆運動史が「凋落」しているという危機感を編者たちがもっていたことがわかる。それでも、全巻のプランを構想するなかで、民衆運動史研究の蓄積と今後の可能性を感じるようになったという。

初動から一〇年にして、このシリーズは刊行された。「日本近世・近代成立期の民衆運動」を対象に、第一巻『一揆と周縁』、第二巻『社会意識と世界像』、第三巻『社会と秩序』、第四巻『近代移行期の民衆像』、第五巻『世界史のなかの民衆運動』という構成で、五〇名もの研究者を動員した一大プロジェクトであった。

「刊行にあたって」には、「民衆運動史は、国家論・民族論・フォークロア・個人史・思想宗教史・文化史・女性史・被差別部落史などの諸研究領域を総合的に視野に入れて考察される必要があるものであり、またそれだけに「諸研究領域を総合化する方法的な可能性」を本来有している分野であると考える」とあり、民衆運動史の可能性にかけた編者らの強烈な自負を見て取ることができる。

先にも述べたように、歴史のなかに変革主体を見いだすための人民闘争史、階級闘争史としての一揆研究は、確かに下火になっていた。しかし、だからといって一揆や、それを担った百姓それ自身への関心が薄れてしまったわけではない。むしろこの『民衆運動史』のように、民衆という存在、そして民衆が担った運動のあり方を広くとらえなおすことで、従来とは違う、豊かな視野が開けてもいったのである。

「地鳴り山鳴り」

そして、時を同じくして国立歴史民俗博物館で、企画展示「地鳴り山鳴り」が開催された（会期二〇〇〇年三月二一日－五月二一日）。これは『民衆運動史』とのタイアップ企画であり、その主たる執筆者が、それぞれの専門を活かして展示を作り上げていた。当時、私はこの展示を見、「展評」を書いているので、それに拠りながら展示内容を再現しておこう。

「「地鳴り山鳴り」の展示は、地震や山崩れなどの自然災害を指すものではない。その地や山をも鳴らすほどの力と勢いを見せた、日本の民衆運動のエネルギーを総称してのネーミングである」と、展示パンフレットに書かざるを得ないほど、このタイトルは文学的・比喩的である。「民衆のたたかい三〇〇年」という副題がなければ、民衆運動史をテーマとする展示だとわかる人がどれだけいるだろうかなどと思いながら、私は展示室に入っていった。

ところが、展示を見終わった後には、そんな違和感など吹っ飛んでしまった。チラシにもあしらわれている、『夢《ゆめ》の浮橋《うきはし》』という『源氏物語』最終巻と同じ書名をもつ一揆絵巻や、一揆・騒動を戯画化した黄表紙《きびょうし》や狂歌・ちょぼくれの数々、さらに歌舞伎・講談・浪花節《なにわぶし》などで縦横無尽に活躍する佐倉惣五郎《さくらそうごろう》ら義民たちの姿は、民衆運動が物語・芸能を媒介にして記録・伝承されてきたという事実の確認を我々に迫るものであった。イベントとして行われた雄大・悲壮な長野県青木村義民太鼓の響きにしびれ、落語「首提灯《くびぢょうちん》」・講談「佐倉義民伝」の口誦《こうしょう》芸能の世界にふけり、いつしかこのタイトルのネーミングの妙に感じ入っている自分に気がついた。

展示は三つの柱から成っていた。一つ目は、「描かれた一揆――『夢の浮橋』の世界」である。天保一一年（一八四〇）、庄内藩（現山形県庄内地方）で起きた三方領知替《さんぽうりょうちが》え反対一揆――小説家藤沢周平の名著『義民が駆ける』でよく知られる一揆――を描いた絵巻物『夢の浮橋』（致道《ちどう》博物館蔵）の全公開は、まさしく圧巻であった。五〇メートルになろうかという長大な絵巻には、一揆の発端から終結まで微細に描写されており、いつまで見ていても飽きることがなかった。

この一揆について、簡単に解説しておこう。天保一一年一一月、幕府は、出羽国鶴岡（現山形県鶴岡市）の酒井忠器《さかいただかた》を越後国長岡（現新潟県長岡市）へ、長岡の牧野忠雅《まきのただまさ》を武蔵国川越（現埼玉県川越市）へ、川越の松平斉典《まつだいらなりつね》を鶴岡へ転封《てんぽう》させるという、三方領知替えを命じた。松平斉典が大御所の徳川家斉《とくがわいえなり》に、酒井が領する豊かな庄内藩への転封を働きかけたともされている。

この報を受けた庄内藩の百姓は、転封反対の声をあげはじめる。はやくも同年一二月を皮切りに、百姓の代表たちがたびたび江戸に向かい幕府への越訴《おっそ》を敢行、また近隣諸藩へも訴えをくり返した。領内でも、百姓は数万人規模で「大寄《おおより》」と呼ばれる集会を開き、藩

図３　企画展示「地鳴り山鳴り―民衆のたたかい300年―」チラシ（国立歴史民俗博物館）

主引留(「おすわり」「御永城」などとも)を求める示威行動をくりひろげる。日本史の教科書や概説書などで、百姓一揆について記述する際に必ずといっていいほど掲げられるのが、その大寄の模様を描いた『夢の浮橋』の有名な場面だ。

「雖為百姓不事二君(百姓たりといえども二君につかえず)」という旗を立てて行動したという百姓は、後世、領主を慕う「義民」とも賞賛された。しかし、運動の背景には、転封・新領主入部にともなう負担増を懸念する百姓側、また転封を望まない藩側や酒田の本間家をはじめとする商人層などの、さまざまな思惑が交錯していたと考えられる。江戸でも諸大名から転封に反対する意見書が出されるなどして、結局、命令は翌天保一二年七月に撤回。幕府権力の弱体化を示した事件としても知られている。

さて、展示の二つ目の柱は、近世―近代移行期の民衆運動の世界である。実は百姓一揆は、江戸時代の終焉とともに起きなくなったのではなく、幕末から明治維新を経て、明治初期にも頻発した。

ここでは、甲州天保騒動(後述)、高崎藩五万石騒動(明治二年〔一八六九〕に高崎藩で起きた年貢減免を求める強訴)、世直し一揆、戸《と》〆《じめ》騒動(閉店罷業・諸商売停止、いわば町人のストライキ)、会津ヤーヤー一揆(明治元年〔一八六八〕、戊辰戦争で会津藩が降伏した直後に起きた郷頭《ごうがしら》・肝煎《きもいり》への反対一揆。「ヤーヤー」は一揆勢の掛け声）、「解放令」反対一揆（被差別民の身分廃止をうたう明治四年〔一八七一〕の太政官布告後に各地で起きた、被差別民への襲撃）、コレラ騒動、真土《しんど》村《むら》事件（明治一一年〔一八七八〕、現神奈川県平塚市に位置する村で土地問題をきっかけに村人が戸長一家を殺害。芝居や講談でしばしば取り上げられた）、自由民権運動、秩父困民党の蜂起等々、多様な民衆運動の具体相が、最新の研究の成果を踏まえて展示されていた。

三つ目は「義民の世界・佐倉惣五郎」である。義民佐倉惣五郎像の形成とその影響が、芝居絵、惣五郎ものの出版物や浪花節のレコード等々の視聴覚資料も駆使して、展示されていた。惣五郎が、自由民権期・昭和恐慌期・戦後改革期といった時代の節目のたびに思い起こされ、新たな解釈を施されて登場してきたことをこの展示から教えられ、惣五郎同様、時代ごとにそのイメージを変え（読みかえられ）てきた、楠正成や大石内蔵助《くらのすけ》との共通性に思いを馳せた。また、千葉県佐倉市周辺の惣五郎関係史跡を巡れるように（歴博は佐倉藩主堀田氏の居城跡にある）、「佐倉惣五郎史跡散歩案内――ゆかりの地を訪ねて」というガイドまで用意してあり、まさに至れり尽くせりであった。なお、惣五郎については、終章であらためて取り上げたい。

展示手法という点でも、この展示は画期的なものであった。展示の各コーナーの解説板に、義民佐倉惣五郎物語であれば「保坂智」と展示責任者の名前が挙げられ、和文・英文・点字で短い解説が付されている。すなわち署名展示という手法をとっている。各分野の第一線の研究者が、自らの研究成果を限られた展示スペースの中でいかに盛り込むか、真剣に考える。どういう展示物(史資料)をどのように配置するか工夫し、必要とあれば展示パネルや複製展示物を作成する、そうした労力を費やした上で、その凝縮として展示があるということが、署名展示という手法によって、より明瞭に打ちだされたのである。

こうして民衆史にとっての二〇〇〇年は、まさに『夢の浮橋』に描かれたような昂揚した――祝祭的な盛り上がりを見せた――年だったのである。

2　百姓一揆像の転換

百姓一揆とは何か

それでは、一九七〇年代半ば以降の百姓一揆研究によって解明された重要なポイントを、紹介していこう。

まずは、「百姓一揆とは何か」ということ自体が実は自明ではないと、意識されるようになったことが重要である。

百姓一揆の史料集である『編年百姓一揆史料集成』(既刊一九巻)を一九七九年から刊行しはじめたのは青木《あおき》虹二《こうじ》であるが、青木の没後、それを引き継いだのは保坂智である。日本全国の百姓一揆史料をもっとも多く読んでいる研究者ともいえる保坂が、二〇〇二年の著作で、日本近世において「一揆」という文言がまったくといってよいほど使われていないことに、一〇年ほど前に気づいたと述べている(『百姓一揆とその作法』)。

保坂によれば、寛永一四―一五年(一六三七―一六三八)の島原・天草一揆を最後に「一揆」という文言は使われなくなるというのである。日本近世は、実は、支配者である幕藩領主が百姓一揆という文言を使わなかった時代なのである。当時は別の言葉で呼ばれていたものを、後世の人たち(研究者を含めて)が「百姓一揆」と呼び習わしてきたということになる。保坂は、何を百姓一揆と呼ぶのか、研究者によって違い、その定義もなされておらず、あいまいなままに使われてきたと指摘している。

百姓一揆という文言を避けた幕藩領主が使ったのが、「徒党《ととう》」「強訴《ごうそ》」「逃散《ちょうさん》」という文言である。明和七年(一七七〇)に、幕府は全国の幕府領の高札場に次の高札を掲げた。

何事によらず、よろしからざる事に百姓大勢申合せ候をととう(徒党)ととなへ、ととうして、しゐてねがひ事くハだつるをごうそ〔強訴〕といひ、あるひハ申あハせ、村方たちのき候をてうさん〔逃散〕と申、前々より御法度《ごはっと》に候条、右類《みぎたぐい》の儀これあらば、居《い》むら他村にかぎらず、早々其筋《そのすじ》の役所え申出べし、

ととうの訴人　銀百枚

こうその訴人　同　断

てうさんの訴人　同　断　（以下略）

徒党とは、百姓が大勢で申し合わせる行為をいう。その際に「一味《いちみ》神水《しんすい》」の儀式を行うことが多かったという。一味神水とは、神仏に懸けて誓う起請文《きしょうもん》をともなう連判状（一揆契状《いっきけいじょう》ともいう）を取り交わし、それを焼き、神前の水にまぜてまわし飲みをする行為で、中世において一揆を形成するときに行われた儀式である。近世においても徒党に際して民衆がこの儀式を行ったことから、徒党が中世以来の一揆につながる行為として民衆側に意識されていたことは確かであろう。保坂によれば、一七世紀半ばには、幕藩領主は現実に展開している民衆の運動を「徒党」ととらえ、禁令を出していったという。

つぎに強訴とは、徒党の上で強いて願い事を企てることをいう。大挙して城下・陣屋等に押

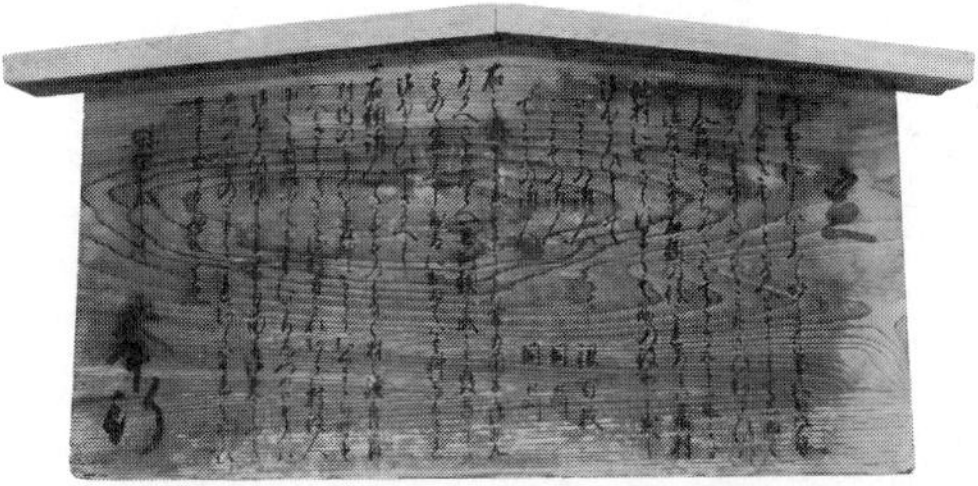

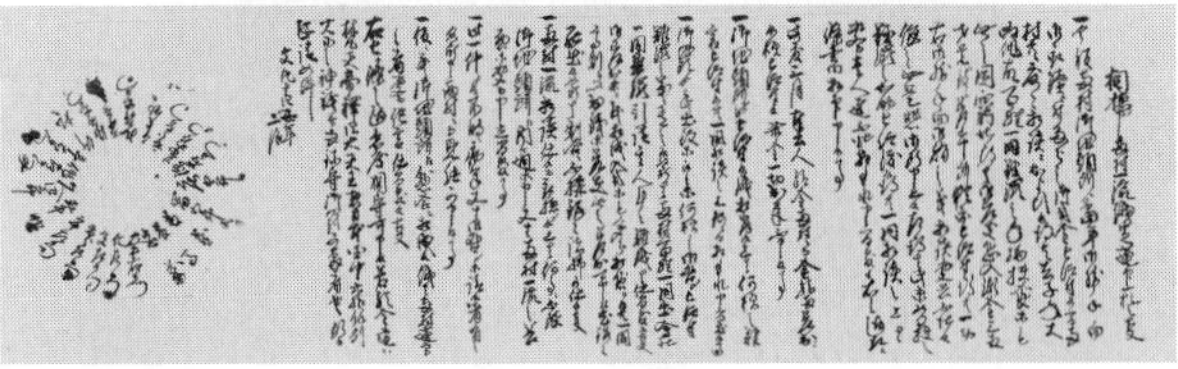

(上)図４　明和７年の高札(一橋大学附属図書館岡田家文書)
(下)図５　近世の連判状の一例(横浜開港資料館村田家文書，文化 14 年〔1817〕武蔵国都筑郡中鉄〔なかくろがね〕・寺家〔じけ〕村作成)

しかけて訴願する行為で、村単位で組織だって行動し、領主の政策に荷担した者や民衆を苦しめる大庄屋や豪農らの屋敷に対する打ちこわしがしばしばあった。ただし、武器は使用されず、後述するように鎌などの農具を携行した。保坂によれば、この運動形態は、一七世紀末に出現し、一八世紀になると全国各地で発生したという。

最後の逃散とは、申し合わせを行った上で、村を立ち退くことをいう。幕府は、鎌倉幕府以来の慣習を継承し、年貢皆済の上での逃散を認めていたが、寛保二年(一七四二)の公事《くじ》方御定書《かたおさだめがき》で禁止の対象とし、頭取《とうどり》(指導者)死罪などの処罰規定を定めている。

百姓一揆の定義に戻ると、幕府が明和七年段階で禁止した徒党・強訴・逃散を百姓一揆と呼ぶべきだというのが、保坂の提起であり、現在では定説になっている。かつては、近世に三〇〇〇件以上の百姓一揆が起きたと説明されてきた。しかし、これには処罰の対象とならない通常の訴訟等も数多く含まれていて、前述の『編年百姓一揆史料集成』所収の史料を精査した須田努によれば、百姓一揆(＝徒党・強訴・逃散)は江戸時代を通じて一四三〇件だったという(『「悪党」の一九世紀』)。

どんな運動形態があったか――「代表越訴型一揆」は確認できない

百姓一揆の運動類型についてはどうだろう。たとえば、高校の日本史の教科書には、一七世紀後半から、村々の代表者が百姓全体の利害を代表して領主に直訴する「代表越訴型《だいひょうおつそがた》」の一揆が増えたことが記載されている。上述の佐倉惣五郎や上野国《こうずけ》利根《とね》郡月夜野《つきよの》村(現群馬県みなかみ町)の磔茂左衛門《はりつけもざえもん》は、代表して越訴したために死罪に処せられ、死後、義民として祀られ顕彰されたとされている。

一七世紀末になると、村を越えた広い地域の百姓が団結して起こす大規模な「惣百姓《そうびゃくしょう》一揆」が各地でみられるようになったとされ、とりわけ一揆の範囲が藩領全域に及ぶ場合を「全藩一揆」と呼んでいる。貞享三年(一六八六)の信濃国松本藩(現長野県松本市)の加助《かすけ》騒動、元文三年(一七三八)の陸奥国磐城平《いわきたいら》藩(現福島県いわき市)の元文《げんぶん》一揆などが代表例とされる。一揆に参加した百姓らは、城下・陣屋等に集団で押しかける強訴を行い、年貢増徴の撤回や新税の廃止、専売制の撤廃などを藩に要求し、ときには藩の政策に協力した商人や村役人の家を打ちこわすなど実力行動もとった。加助騒動は、磔にされた頭取中萱《なかかや》村加助の名前からこう呼ばれているが、保坂によれば、強訴という闘争形態の最初の事例だという。

図6　磐城平藩の元文一揆の指導者が処刑された釜田川河原に建てられた河原子地蔵堂(福島県いわき市)

また、世の中が改まり新しい世の中が到来することを願う「世直し」の意識と、百姓一揆が結びつき、下層貧農を中心に、特権的商人・豪農に対して質地・小作地の返還や米価引下げ、救済などを求め、要求が入れられないときは打ちこわしなどを行った。これを「世直し一揆」という。一八世紀末から現れるが、一般的になるのは幕末・維新期で、天保七年(一八三六)の三河国加茂一揆、慶応二年(一八六六)の武州一揆、陸奥国信達《しんだつ》一揆(「世直し八老《はちろう》大明神」と称されこの一揆の頭取と目されたのが、菅野《かんの》八郎《はちろう》(一八一三―一八八八)であった)などが知られている。

以上のように、近世の百姓一揆には、代表越訴型一揆・惣百姓一揆・世直し一揆という三つの類型があったと説明されてきたのであるが、保坂は、代表越訴型一揆は史料の上で確かめることができないと主張している。この類型の一揆は、近世後期から明治期にかけて作られた義民物語として伝えられるのみで、それ以前の史料では確認できない、と。くわえて、将軍への直訴《じきそ》をはじめとした越訴は、「天下の大禁」として厳重に処罰される行為であったとされてきたが、そうした事実も実際にはなかったという。

佐倉惣五郎についていえば、保坂によれば、一八世紀後半に惣五郎についての物語の原型が作られ、一八世紀末から一九世紀初頭に『堀田騒動記』と『地蔵堂通夜物語《じぞうどうつやものがたり》』の二つの物語が出来上がり、書写されて日本各地に流布した。さらには、嘉永四年(一八五一)に、江戸中村座で歌舞伎『東山桜荘子《ひがしやまさくらぞうし》』として上演され大ヒットする。

このようなプロセスを経て、佐倉惣五郎の名前と物語は、人口に膾炙していった。日本各地の義民物語は、いずれも惣五郎の影響を色濃く受けて一九世紀に作られたものだというのである。

竹槍蓆旗はなかった

「竹槍蓆旗《ちくそうせっき》」という言葉がある。文字どおり、竹槍《たけやり》と蓆旗《むしろばた》(筵旗)であり、百姓一揆勢がこの二つを携行していると見なされ、転じて、百姓一揆そのものをあらわす用語となり、『広辞苑』にも載っている。すなわち百姓一揆に際して、民衆は武器としての竹槍を手にもち、要求を書き込んだ蓆旗を掲げたという常識的イメージが、ながらく通用してきた。

先にもすこし触れたように、一九七〇年代半ば以降の一揆研究では、民衆がどんな出で立ちで、また何を持って一揆に参加したのか、その実証的研究が進められた。

たとえば一揆勢の出で立ちについては、文化八年(一八一一)の越前国勝山藩(現福井県勝山市)の一揆の記録『鰹山百姓騒動記《かつおやまひゃくしょうそうどうき》』では、百姓一揆に参加した百姓が蓑《みの》を着用していることから、百姓一揆を「蓑虫」と呼んでいる。保坂によれば、蓑を着、笠をかぶるのが(蓑笠姿が)一般的になるのは、一八世紀末になってからだという。

また持ち物については、史料中にはしばしば「得物《えもの》」という言葉で表現される。以下、保坂の研究によって述べていこう(前掲書)。民衆が得物として携行したのは、まずは①鎌・鍬《くわ》・

鋤・鶴嘴などの農具であり、②斧・鉞・鳶口・鉈・大槌などの大工道具、③竹槍・鉄砲などの武器的性質を帯びるものがあったという。

　このうち、もっとも一般的な得物は、①の鎌や鍬などの農具と棒だという。棒は農具といえるかどうかはわからないが、私の家は農家であるが、農具を収めた倉庫には、長短の木・竹の棒が大量にあった。たとえば、刈り取った稲を干すはざを作ったりするのに棒が必要だったからである。子どものときに、適当な大きさの棒を持ち出してチャンバラをしたことを、懐かしく思い出す。
　②は大工道具に分類されるものであるが、斧や鉞は、竈《かまど》や風呂にくべる薪を作るのに必須の道具であり、農家に常備されたものであった。子どものときに、祖父がやるのをみようみまねで薪を作って、うまくできたときには鼻が高かったことを覚えている。
　③のうち鉄砲は私たちの感覚では武器であるが、塚本学が明らかにしたように、近世の農村では野獣を追いはらうために鉄砲の所持が認められていた(『生類をめぐる政治』)。それが一揆の際に持ち出されることがあったが、鉄砲は合図の鳴物として使われて、殺傷に使われることはなかった。確かに私の家にも鉄砲があった。一九六〇年代のことなので火縄銃ではないが、どうして鉄砲があるのか不思議に思ったものである。

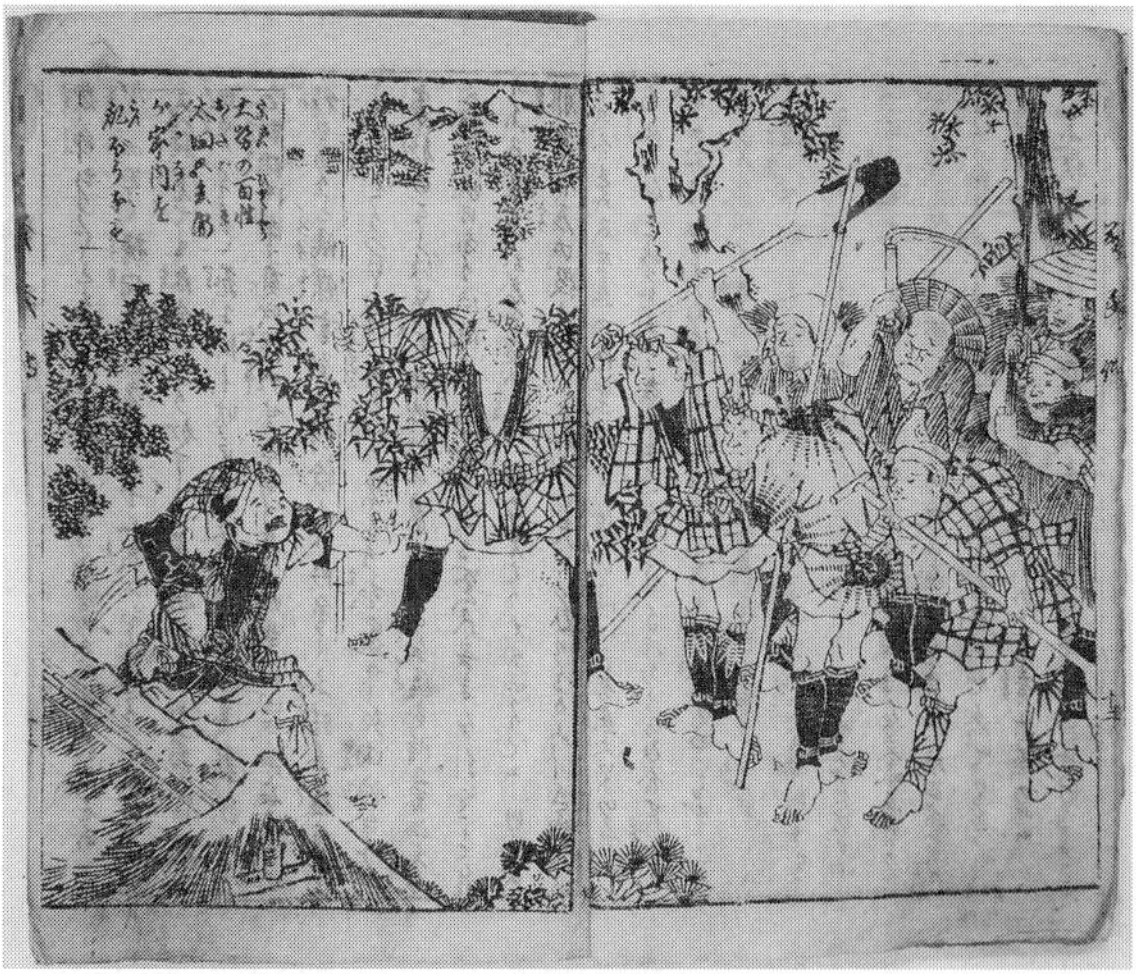

図7　描かれた一揆勢の得物．『総桜義民伝《ふささくらぎみんでん》』より（若尾政希蔵）安政5年（1858）初版．写真は明治に入ってからの再版本．佐倉惣五郎の物語のひとつ．19世紀半ばに描かれたものだが，一揆勢が鎌・鋤・竹槍・大槌を持ち，蓑を着け，笠をかぶると観念されていることがわかり，面白い．

竹槍については、その携行が史料上に出てくるのは一七六〇年代であるが、一般的になるのは一九世紀になってからだという。竹の棒が農家にふつうにあるものだということは、先に指摘したとおりであるが、鉈などを使って先端を鋭くとがらせて用いた民衆の意識が注目される。ただし、実際に殺傷に及んだ事例はわずかだという。

他方、蓆旗についてはどうだろう。やはり保坂によれば、一揆史料にそれが掲げられたことが記されているのはわずかで、ほとんどが木綿か紙で作成されたものだという。また、旗には村の名が書き込まれるのが通常であり、一揆の要求を掲げたわけではない。

図9左は、先に紹介した『夢の浮橋』(酒井神社本)に描かれた旗の例であるが、やはり地域名を記したものが多いことがわかる。なお、同図右のスイカや、弘化四年(一八四七)と嘉永六年(一八五三)に盛岡藩で起きた三閉伊《さんへい》一揆で掲げられたといわれる「小○」(困る)の旗印など、独特のユーモアや表現力を感じさせるものもある。

では、一揆の実情とはかけ離れた「竹槍蓆旗」という用語は、いつ、どのような背景で作られ、一般化したのであろうか。

これについて、藪田貫《やぶたゆたか》は、この語句が明治の初めの自由民権期に作りだされた虚像であると指摘している(『国訴と百姓一揆の研究』)。また内田満は、「竹槍蓆旗」の初出が、一八七五年(明治八)一一月の『評論新聞』第四〇号に満木《みつぎ》清繁《きよしげ》が書いた記事にあることを突きとめた。さらに、浮世絵師小林清親《こばやしきよちか》(一八四七―一九一五)が一八九二年(明治二五)に、『埼玉新報』『埼玉民報』の表紙に描いたのが、竹槍蓆旗が画像化された最初であったという(『一揆の作法と竹槍席旗』)。

すなわち、自由民権期に、運動の前史として百姓一揆が位置づけられ、いわば伝統が創造されて、竹槍蓆旗という暴力が前面に出てくる百姓一揆イメージが形成されたといえるのである。

図８　小林清親が描いた「竹槍蓆旗」(『埼玉新報』第4号表紙，埼玉県立文書館小室家文書4435-1．内田満『一揆の作法と竹槍席旗』より)

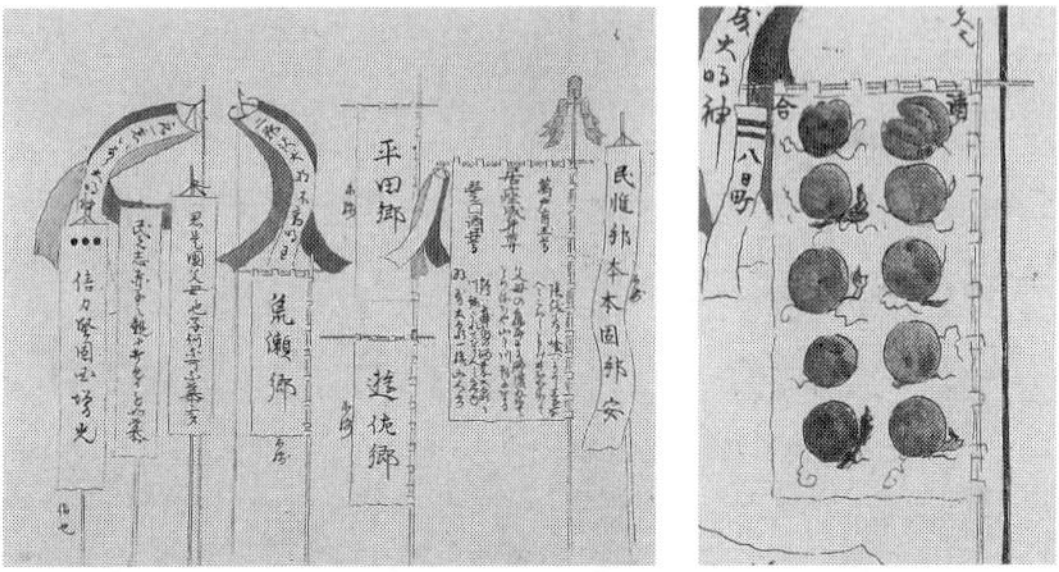

図９　酒井神社本『夢の浮橋』に描かれた一揆勢の旗
(国立歴史民俗博物館編『地鳴り山鳴り』より)
(左)多くの場合，旗には村や郷の名前を記した．ここでは「民惟邦本」と書かれた旗があるのが面白い(本章第3節参照)．
(右)庄内地方では，スイカが熟することを「すわる」と言ったという．それを，藩主の「おすわり」＝引留実現の縁起かつぎとした．

「悪党」の登場

訴訟段階から蜂起に至る民衆の意識について、本格的に分析をくわえたのは安丸良夫《やすまるよしお》であった(『日本の近代化と民衆思想』)。安丸も、蜂起した民衆が、幕藩領主に対して本来あるべき「仁政」を強烈に希求したことを強調する。それゆえ、「独自の世界像とプログラム」を提起し得なかったという。また百姓一揆が村を単位として、共同体的規制による参加強制がなされたことに着目し、これは人々が容易に一揆に参加してゆくための方式であったという。一揆は、一〇〇%自発的な運動というわけではなかったのである。

蜂起した民衆は、蓑・笠をつけ、鍬・鎌・鳶口・棒などを持ち、法螺貝を吹き、松明《たいまつ》をかざして、村ごとに組を作って行動したと安丸はいう。さらに安丸は、一揆の指導部(頭取)を構成したのは、多くは一揆を企てるときに中心となった村の民であったが、幕末維新期の世直し一揆では、しばしば頭取となったのはヤクザ仲間などであったという。こうした無頼放蕩の輩《やから》であっても、一揆を率いる場合には、放火・打ちこわしを禁じ規律ある行動をとって、指揮したという。

これに対し、須田努は、百姓一揆の作法や行動規範から逸脱する行為、たとえば盗みを行ったり、刀を携行・使用し、家屋への放火、身体への暴力などを行う「悪党」と呼ばれる人々が一九世紀に登場したことに着目した（『幕末の世直し 万人の戦争状態』）。

天保七年（一八三六）に甲斐国で起きた甲州騒動では、当初は国中《くになか》地方（現山梨県中央部）の百姓が中心となって打ちこわしが展開したが、中途から、「悪党」と呼ばれる無宿人らが合流して一揆を主導し、村々の百姓を刀で脅して参加を強制したりして、略奪や放火も行ったりした。これに対し、幕藩領主は武装した軍勢を差し向け、一揆勢を殺害・捕縛したという。

この悪党をめぐっては、須田が悪党の登場によって百姓一揆は大きく変容したと意義づけ、暴力をキーワードにして、近代までも含めて一九世紀の民衆運動を見ていこうとするのに対し、保坂智は、近世の百姓一揆を訴願＝非暴力運動として位置づけ、須田が指摘した天保期の「悪党化」（暴徒化）も限定的なものだとする。

悪党の歴史的位置づけをめぐるこうした意見の対立はあるものの、近世の百姓一揆の本質を非暴力的なものと見る点では一致しているといえよう。

目安往来物の流布

百姓一揆は、民衆の要求が聞き入れられて終熄する場合もあれば、あるいは聞き入れられずに、領主による首謀者の探索・処罰という厳しい結末を迎える場合もあった（ただし、そうしたケースは全体としては少ないとされる）。ところで、一揆に関するこうした事績は、一揆終結の後はタブーとなったという、常識的な見方がある。

しかし近世初めの寛永一〇年（一六三三）、現在の山形県寒河江《さがえ》市白岩《しらいわ》の百姓が領主酒井忠重《さかいただしげ》の悪政を幕府に訴えた文書（訴状）が、その後も近世を通じて書き写され、現在の岩手県南部から福島県までの広い地域に残されているという、興味深い事実がある。三六名もの処刑者を出したこの百姓一揆（寛永白岩一揆）の訴状が流布し、しかもそれが寺子屋で手習いの教材――「往来物《おうらいもの》」という――として使われていたのである。

八鍬友広《やくわともひろ》は、一九八〇年代半ばに、こうした事実に出くわして、戸惑った。なぜなら、百姓一揆にかかわることは秘匿されたという常識的な江戸時代のイメージと相容れないからである。事実と常識との間に悩みつつも、八鍬は関連資料を丹念に集め、それを丁寧に読み解き、根気強く研究を積み重ねることによって、これまで通用してきた江戸時代像、社会像、百姓一揆像が間違っていたという結論を導き出した（『闘いを記憶する百姓たち』）。

それから三十余年、今や八鍬の主張が通説となった。日本近世は訴訟社会で、訴状が教材になるほどに、異議申し立てが頻繁に行われていたのである。

表　目安往来物一覧（八鍬友広『闘いを記憶する百姓たち』より）

名称	提出年（西暦）	差出人	宛所	内容	種類
1. 白岩目安	寛永 10（1633）	白岩郷惣百姓	幕府	酒井長門守忠重の非法を訴える	一揆
2. 白峯銀山目安	寛永 19（1642）	奥州伊南伊北七カ村	幕府	上田銀山の帰属をめぐる争論	争論
3. 小国目安	寛文 5（1665）	小国百姓共	米沢藩	代官笹生久兵衛等の非法を訴える	一揆
4. 羽倉目安	寛文 12（1672）	越後妻有庄羽倉村	幕府	羽倉村森村境界をめぐる争論	争論
5. 松川目安	延宝 5（1676）	松川村百姓	仙台藩	給人猪苗代長門の非法を訴える	一揆
6. 新潟目安	元禄 10（1697）	越後蒲原郡新潟町	幕府	信濃川中州の帰属をめぐる争論	争論

八鍬は、百姓一揆や地域間争論において作成され、また提出されたとされる訴状が往来物となったものを、「目安《めやす》往来物」と呼ぶ。そして、これまでの調査で六種の目安往来物を見いだし（表参照）、目安往来物にかかわる事件は、すべて一七世紀に起こったものであると指摘する。また、最初の『白岩《しらいわ》目安《めやす》』は、現在の山形県だけでなく、秋田県・岩手県・福島県などで五〇本を超える写本が発見されていて、一七世紀後半には往来物として使われはじめていると述べている。

このように目安往来物が一七世紀に作られたことから、八鍬は、目安往来物の作成に、中世的な実力行使としての一揆から、「訴」を中核とした近世的な百姓一揆へ、言いかえれば自力救済の世界から訴訟による紛争の決着へという、時代の転

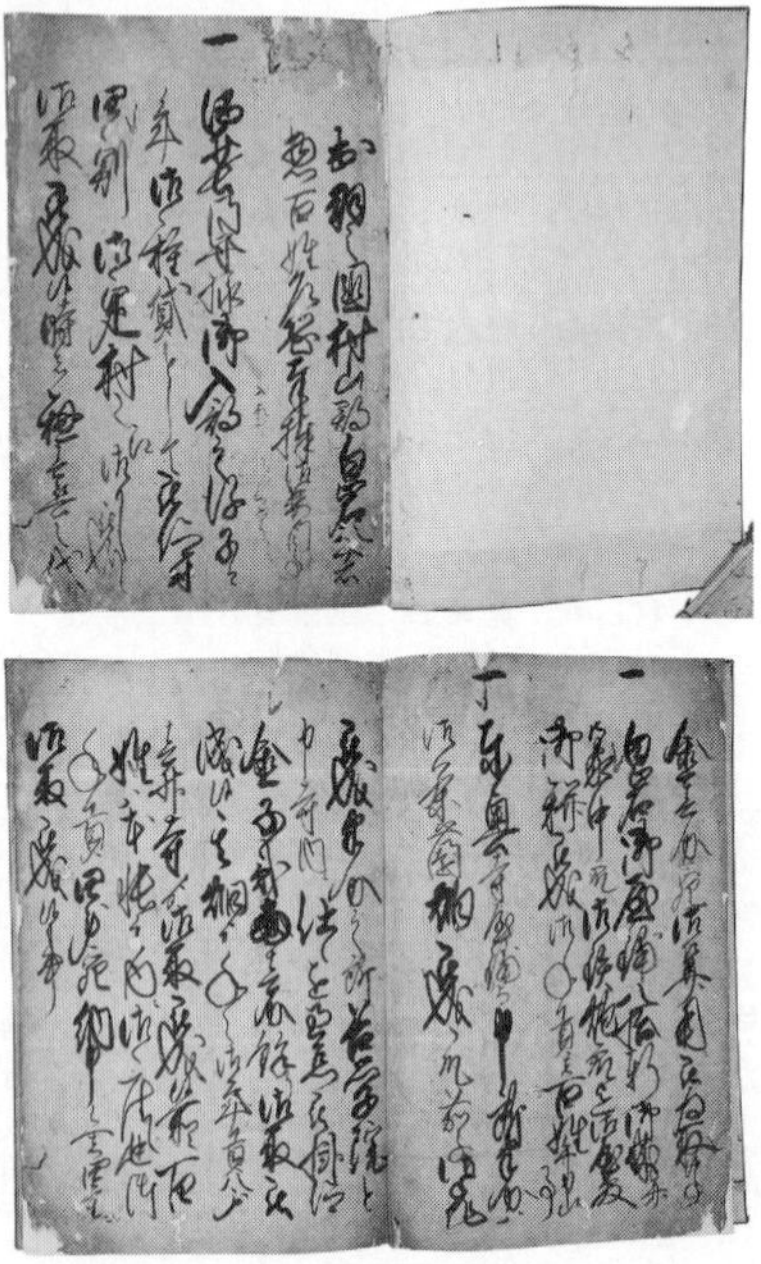

図10　『白岩目安』(若尾政希蔵)

換を読みとる。

中世においては、人々が一味神水で結束することによって、いわば神仏に懸けて、世俗権力に対して抵抗する自律的な集団が形成された。それが一揆であった。世俗権力といえども、神仏を媒介として結束する一揆を屈服させることはできなかった。

それに対し、近世においては、先に述べたように、世俗権力である幕藩領主は、一揆を完全に禁止した。一味神水によって結束する集団を、その闘争形態により「徒党」「強訴」「逃散」と呼んで、あえて「一揆」という呼称を使わなくなった。このような見方からいうと、近世権力の成立過程は、強大な権力によって、村・町の自治・自由を圧殺する過程ととらえることができる。すなわち第一章で見た、強権的な権力により抑圧された民衆という構図で描かれたかつての近世社会像は、ここからきたものといえよう。

中世には認められた民衆の自由・自治が、近世では抑圧されたというのは、一見、歴史が逆行したかのようにみえる。だが、生存という観点から、どちらが生きやすいかといえば、近世社会である。暴力が横行し、生存のために一致団結し闘わなければならなかった不安定で過酷な中世社会とは異なり、近世では、権力の庇護のもとではあるが、「公儀」の「御百姓」として公的・公法的に位置づけられ、戦乱のない「平和」で「安定」した社会(中世に比べれば)のなかで、最低限の生存を保障された。

領主は百姓が生存できる(「百姓成立」)よう仁政を施し、百姓はそれに応えて年貢を皆済すべきだという、領主と百姓の間の相互的な関係意識が形成された。それを「仁政イデオロギー」と研究者が呼び習わしてきたのは、先に見たとおりである。

百姓は、なんらかの事情で生存が妨げられたと考えたときに、まずは領主に対して訴訟を行った。それが受けいれられない場合に、徒党・強訴などを行ったのである。目安往来物に話を戻せば、これは、まさにそのような時代の歴史的産物だと八鍬は位置づける。

書物が、近世社会、そしてそこに生きる人々の思想形成を考えるための大きな手がかりになるという、恰好の例である。

3　ひとつのエピソードから

一儒者が語った一揆

第一章でも紹介したが、佐藤直方《さとうなおかた》（一六五〇―一七一九）は、山崎闇斎門下の朱子学者である。垂加神道を唱導した師を批判して破門された。あくまで朱子学を信奉し、主に江戸を舞台に活躍し、前橋藩主酒井忠挙《さかいただたか》や唐津藩主土井利実《どいとしざね》など、多くの大名に招聘され進講した。

この直方が、元禄一三年（一七〇〇）から翌年にかけて幕府旗本（一五〇〇石）の跡部良顕《あとべよしあき》邸で行った講義が、良顕によって筆録され、直方の談話等を集めた『韞蔵録《うんぞうろく》』に入っている。そのなかに、直方が一揆について言及する、注目すべき件《くだ》りがある。

> 厳有院《げんゆういん》様御他界ノ後、当御代《みよ》ノ始ニハ、民《たみ》ハ邦《くに》ノ本《もと》ト云《いう》御条目ノ出タトキ、世上《せじょう》メツタトコハガリ百姓へ俄《にわか》ニ救《すくい》トテ米ナドトラセルヤウニ成タトキ、丹波殿弟戸田内蔵《くら》ナドノ領分ニテハ、百姓ノ救ノ為トテ米ヲトラセラル、ユエ、領分ナラビナレバ、孫十郎殿ナドノ百姓江戸へ訴訟ニ来テ救ヲ願フ
>
> （『韞蔵録』巻九）

厳有院とは四代将軍徳川家綱(一六四一—一六八〇)の院号であるから、「当御代」とは五代綱吉(一六四六—一七〇九)の治世である。その治世の初めに「民ハ邦ノ本」と規定した条目(法令)が出て、「世上」(ここでは、領主たちを指すのであろう)は恐れおののいて、にわかに「救」のためとして百姓に米などを与えるようになった。百姓のほうでも「救」を求めて江戸まで訴訟に出掛ける者がでてきたという。

これに従えば、「邦」という概念を持ち出し、それとの関わりで民の位置を規定した条目が出されたことになる。果たして事実であろうか。もし本当に出されていて、しかもそれがここで述べられているように領主と民との関係に大きな動揺を与えたとすれば、画期的な出来事だといえよう。

「民は国之本」条目

延宝八年(一六八〇)閏八月三日、堀田《ほった》正俊《まさとし》の名前で布達された「条々」の第一条には、確かに以下のような文言がある。

一　民は国之本也、御代官之面々常に民之辛苦を能《よく》察し、飢《き》寒《かん》等之愁《うれい》無之《これなき》様《よう》ニ可被申付《もうしつけらるべき》事《こと》

綱吉が将軍宣下《せんげ》を受けたのはこの年の八月二三日であるから、直方のいう「当御代ノ始」の条目がこれを指していることは間違いなかろう。綱吉が宣下以前の八月五日に筆頭老中（後に大老）正俊に「今より農民の事をつかさどるべし」（『徳川実紀』）と農政専管を命じたことからもわかるように、農政は初期綱吉政権の最重要課題であった。「近年公料の農民疲困するきこえあり。仁政を施し、衰耗《すいもう》なさしむまじ」（同月七日）という綱吉の命を受けて、正俊が出したのがこの条目である。なお、「民は国之本」という語は、正俊の造語ではない。もともとの典拠は、経書の一つ『書経《しょきょう》』の「民ハ惟《これ》邦ノ本、本固ケレバ邦寧《やすシ》」（五子之歌《ごしのうた》）である。

ところでこの最初の条から明らかなように、この条目は農民に布達されたものではない。幕領支配を行っている「御代官之面々」に宛てたものである。「民は国之本」であるから、民の辛苦をよく察し「飢寒等之愁」がないように治めよ、という条文に続いて第二条では、国が豊かな時には民は奢り「己が事業に懈《おこた》り安」いから、「衣食住諸事」に奢りがないように治めよ、とも命じている。

続けて見てみよう。第三条は、「民は上え遠きゆへに疑《うたがい》有ものなり、此故《このゆえ》に上よりも又《また》下を疑《うたがうこと》事多し、上下疑なきやうに、万事念入《ねんいり》」に治めよ。第四条は、代官自身が奢ることなく「常々其身をつゝしみ」、自ら「民之農業」にも精通し年貢等のことも念入りにして治めよ。何事も手代(部下)任せにせず、自分で務めるのが肝要である。そうすれば「手代末々迄《すえずえまで》私《わたくし》在之《これある》間敷《まじく》」、手代らの「私」が入り込まないのだ、という。第五条では、代官はいうまでもなく「手代等に至まで、支配所之民」を「私用に」使わないこと、ならびに民と「金銀米銭」の貸借をしないようにせよ。第六条は、代官は「堤川徐《かわよけ》道橋等其外《そのほか》諸事常々心にかけ」こまめに「修理」すること、ならびに「百姓争論」は、「軽きうちに聞届《ききとどけ》、内証《ないしょう》にて」処理できる一件は「依怙《えこ》贔屓《ひいき》なく」裁き、「難儀」にならないように治めよ。第七条では、代官交代にあたって年貢の「未進」分を残さないように「常々念を入《いれ》、第一御勘定無滞様《とどこおりなきよう》ニ」「心得」て治めよ、と命じる。

このように、この条目は代官に対して農政担当官としてのあり方(民といかなる関係を結ぶか、農業に精通し環境整備を行う、「私」を排除し公正な直仕置き・直裁を行う等)を提示したものであった。しかもたんなる理念の提示ではなく、現実に厳しい処分をともなうものであった。綱吉治世中に三四名もの代官が年貢延滞等の理由で処罰され、その結果ほとんどの代官がこの時期交代し、従来の世襲的代官から徴税官的代官へとその性格を転換したのである。

「民は国之本」条目の波紋

この代官宛ての条目に、百姓たちが呼応して、訴状が多く出たことは、他の史料からも確認できる。次に挙げるのは、綱吉治世に伏見奉行を勤めた旗本岡田《おかだ》善次《よしつぐ》の知行地、美濃国大野・池田郡（六〇〇〇石、現岐阜県揖斐《いび》郡のうち）でのことである。

此時節　常憲院《じょうけんいん》様御治世之初ニて、度々御書付《おんかきつけ》出候て、右之御触状ニ民は国之元也、痛まざる様ニとの御文言有之《これあり》、それニ付、国々より百姓之願多く出候由《よし》、此方《こなた》御知行之百姓も一統いたし、御地頭之被成方悪敷《なされかたあしく》、百姓難儀　仕《つかまつり》候段《そうろうだん》、御評定所へ訴訟可申《もうすべき》と、大勢発足いたし、尾州熱田《びしゅうあつた》まで参候ニ付（下略）

（『揖斐記』）

大勢の百姓が「民は国之本」条目を楯にして、領主の政治が悪くて難儀していると、幕府評定所へ訴訟しようと江戸に向かって出発したという。注目すべきは、領主側の認識では、この訴訟行動は民がこの条目を楯に起こしたものであって、同様の訴願が「国々」より「多く出」

たと見なされていることである。

「民は国之本」条目が代官支配所を越えて旗本知行地にまで波紋を投げかけており、直方の「世上メッタトコハガリ」という証言と一致しているといえよう。ちなみにこの史料によれば、百姓をそのまま江戸に向かわせてはまずいということで、「極楽寺細野玄正《ほそのげんしょう》と申ス医者と、梅《うめ》村孫七《むらまごしち》両人」が熱田まで彼らを追いかけ、「訴訟之趣」は取り次ぐから村へ帰るよう説得し、幕府への越訴を止めさせたという。

領主たるものは、民が「痛まない」ように仁政を施すべきだという観念に、幕府がお墨付きを与え、補強・保証してくれたものとして、百姓らはこの条目を理解したといえるのである。

直方談を検証する

先の佐藤直方の言葉に戻ってみよう。そのなかにあった「丹波殿弟戸田内蔵」「孫十郎」等の人名をたよりに調査を進めたところ、偶然にも、『揖斐記』と同じ美濃国の加納藩領(現岐阜市・各務原《かがみはら》市・揖斐郡のうち)でのことであるとわかった。

加納藩七万石の藩主松平光重《まつだいらみつしげ》が寛文八年(一六六八)に没し、その遺領のうち六万石を長男松平丹波守光永《みつなが》が襲封、二男戸田《とだ》光正《みつまさ》(孫十郎)・三男戸田光直《みつなお》(内蔵助)がそれぞれ五〇〇〇石の分与を受け旗本文殊《もんじゅ》戸田家・北方《きたがた》戸田家を興している。

「丹波殿弟戸田内蔵ナドノ領分ニテハ、百姓ノ救ノ為トテ米ヲトラセラル」と直方が語っている騒動につき、『小川氏覚書』により見ておこう。

騒動はまず本藩加納藩からはじまった。天和元年(一六八一)、年貢の過重を訴えて「百姓共訴訟ニ七百、八百づゝ」加納城下に押し寄せた。翌年春、百姓は江戸へ訴訟に出掛けたが、藤枝宿で追いかけてきた郡《こおり》奉行多胡《たご》岸右衛門《きしえもん》に説得され帰村し、「未進《みしん》借シ金」を免除された。

騒動はさらに、弟戸田内蔵助光直の知行所にも波及した。やはり『小川氏覚書』によれば、二四人の百姓が江戸(幕府か領主の屋敷か未詳)へ訴訟し「未進もらい帰り」と年貢の未進分を免除された。しかし「同五月より北方ニて庄屋弐人其外四人、仏生寺《ぶっしょうじ》ニて壱人、郡府《ぐんぶ》ニて壱人籠《ろう》〔牢〕ニ入置、九月三日、北方ニて庄屋壱人其外三人、仏生寺ニて壱人、郡府ニて壱人首ヲ切、妻子ハ払《はらい》、北方ニて喜右衛門と申者壱人所ヲはらわれ候」と、領主により首謀者として庄屋ら六人が斬首、家族は所払いという厳しい処分を受けたという。

では、戸田孫十郎光正の知行所ではどうだったか。直方が「孫十郎殿ナドノ百姓江戸へ訴訟ニ来テ救ヲ願フ」というからには、なにがしかの騒動があったと思われるが、管見ではそれを伝える史料は直方の談話のみである。先の『韞蔵録』所収の直方談を聞くことにしよう。

江戸で百姓と面談したのは、戸田光正の付家老槙《まき》(牧)七郎左衛門《しちろうざえもん》であった。七郎左衛門は百姓に向かって、

日頃ノ仕置無理ナク常ニ百姓ヘ憐愍《れんびん》ヲ加ヘ、ソレ〴〵ニ身上《しんしょう》ノ続ク様ニシテヤツテ置クカラハ、今更《いまさら》救フト云コトハナラヌゾ。是ガ合点セズバ公儀ヘ訴訟ニ出ヨ、申上テ牢ヘ入ン

と、要求を拒否した。「是ヲ聞テ百姓ガ相談シテ、サアラバ訴訟イタスマイト云」ったところ、七郎左衛門は「ソレデモ一度云カラハ是非公儀ヘ出ヨ。出テモ牢ヘ入ルベシ。不出《いでず》トモ牢ヘ入ベシ」と命じた。「百姓迷惑シテ、最早《もはや》公儀ヘモ出申マジ。又訴訟モ致スマジト詫言《わびごと》ヲ云。ソコデ聞入《ききいれ》、頭取ノ百姓ヲ捕ヘ」入牢させたという。

直方は七郎左衛門を評して「カヤフノコト此時分ニハ成《なら》ヌコトゾ。世才《せさい》ノ器量有タ者ゾ」と、絶賛している。

実は、この七郎左衛門も山崎闇斎に師事しており、その関係で直方とも懇意であり、延宝二年(一六七四)には、直方を江戸に招いている。またこの一連の騒動の翌年の天和三年には、直方は文殊戸田家の陣屋がある本巣《もとす》郡文殊村(現岐阜県本巣市)に長期間滞在し、七郎左衛門と

「論談情ヲ尽《つく》」して親交を深め、ここで著作を執筆している。この江戸出訴騒動についても、このとき聞いたのであろう。

ここで注目したいのは、強圧的な態度で百姓を脅しすかすこの七郎左衛門にして、日頃、百姓の「身上」が続くように憐愍をくわえているのだと百姓に公言していることである。この居直りのなかに、百姓の「身上」存続のための憐愍を当然の責務とする意識が領主の側に成立しているのを確認することができる。「民は国之本」条目はそれを公的に規定したものとして、画期的な意義をもったものと位置づけることができよう。

近世社会は、領主と百姓との間で、(現代の我々からみれば虚偽的であるが)このような恩義的な関係意識が形成されていた。現在の歴史学ではそれを仁政イデオロギーと呼んでいることは、ここまでにたびたび触れてきたとおりである。

ただし、領主側、あるいは百姓側の微妙な対応の違いにより、何人もの処刑者(犠牲者)を出す事件にもなるし、比較的穏便に処理され、事件にならなかったりもするのである。

第三章 百姓一揆を読む

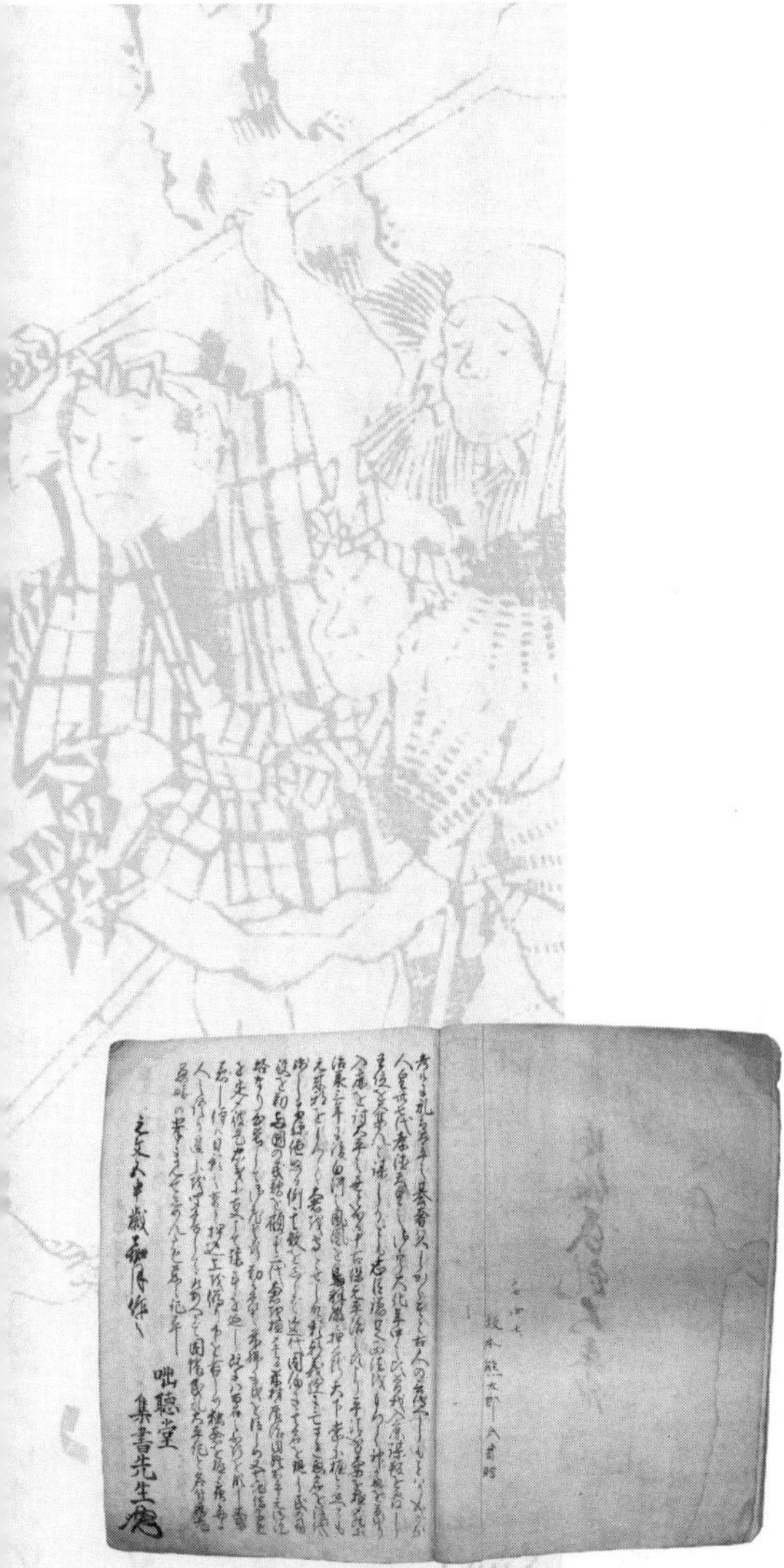

『因伯民乱太平記』冒頭（鳥取県立図書館蔵）

1　史料とは何か

史料論の深まり

百姓一揆を研究しても、そこに「変革主体」が見いだせないことが明らかになって、逆に一揆の多様な側面を解明する研究が進んだことは先に述べた。ところが、その後の一揆研究は、(比喩的な言い方となってしまうが)史料論――史料は歴史学が拠って立つところであるが、その史料とは何かをめぐる議論――の深みにはまってしまった。

一揆を記録した一揆記録には大きく分けて、①「藩庁や村役人などの実務的な記録」と、②「一揆についてのまとまったイメージを提供しようとしている記録作品」のふたつがある。安丸良夫は『日本の近代化と民衆思想』でこう指摘した上で、②の記録作品を史料として用いて、一揆民衆の世界像を叙述している。

ところが、②については、その後の研究で、それが史実そのものの記録ではなく、物語性・フィクション性をたぶんに含んでいることが明るみにされてきた。安丸も、一九七三年の論文

「民衆蜂起の世界像」を二〇一三年に『安丸良夫集』第二巻に収録するに際して、「この分野での史料発掘と史料批判が大きく進展しており、史料論の視点からは本論文は再検討される必要があろう」と、反省的なコメントをしている。

さらに史料論の進展は、前者の「実務的な記録」にも及んだ。たとえば、一揆の訴状（目安）には、災害や飢饉、役人による非道等により生存が危うい状況であると、百姓のおかれた境遇が切々と書き込まれているが、そうした訴状には雛形（テンプレート）があり、雛形を集めたマニュアル本が流通していたことを八鍬友広が明らかにしている（「訴願する実力」）。そのなかで八鍬が紹介している『水原府公聴集全《すいばらふこうちょうしゅうぜん》』は、幕府の越後水原代官所（現新潟県阿賀野市）に対して、村・町が上げた訴願の雛形を載せている。

一例を挙げれば、「一三　田方干損《たがたかんそん》届」には、「当月幾日より之照続《てりつづき》ニて用水一滴も無御座《ござなく》、既ニ呑水《のみみず》等ニも差支候程《さしつかえそうろうほど》之儀ニて」、田も「一円」「立毛《たちげ》過半白枯《しらかれ》ニ相成申候」。「立毛」とは、収穫前の農作物のこと。刈り入れ前なのに、稲の大半が枯れてしまっているといった状況なので、「乍恐《おそれながら》此段以書付《かきつけをもって》御届奉申上《もうしあげたてまつり》候、以上」と届け出るのだという。この「当月幾日」の箇所に実際の月日を入れると、訴状が完成するのである。

「日照りで用水に一滴の水もなく飲み水もない」ほどの大変な窮状にあるのだと、これまでの研究は真に受けてきた。ところが、雛形があって、それにもとづいて訴状が書かれていることがわかると、その叙述をそのまま事実として受け取ることができなくなったのである。

八鍬はまた、前述したように、一揆や争論における目安が寺子屋において手習いや読み本の教材にされていたことを明らかにした。さらに、訴訟・裁判のために村々から出てきた者を宿泊させるとともに、訴状の作成や訴訟手続きの代行等を行った公事宿《くじやど》(江戸・京・大坂)、郷宿《ごうやど》(各地)が成立し、こうした訴訟についてのノウハウを蓄積した者たちを頼って訴訟が行われたという指摘も行っている。「実務的な記録」だから、そこから事実を読みとることができるという素朴な実証主義は、もはや成り立たなくなってきたのである。

付けくわえれば、①の「実務的な記録」と②の物語性・フィクション性をたぶんに含んだ記録とは、判然と分けられるものではない。その境界は、実は不分明で、どちらか判断に迷うものが多い。このように一揆についての史料論が進めば進むほど、研究が難しくなっていった。

それに追い討ちをかけたのが、一九九〇年代末になって、ようやく日本の歴史研究にも及んできた「言語論的転回」のインパクトであった。一九九九年の歴史学研究会大会で、二宮宏之が、フランスのロジェ・シャルチエの見解を引きつつ、歴史認識の成立根拠そのものを問題にし、史料も「書き手による表象の所産」であり、「歴史家による記述」も「物語性の領野《りょうや》に属」

し、結局「歴史家の営みは、表象としての史料を媒介として、さらにそれを表象するという、二重の表象行為」だと説いた(「戦後歴史学と社会史」)。あらゆる史料も、それにもとづく歴史叙述も、表象の所産だと言われ、どうしたらよいのかわからず、茫然自失してしまったのである。

これは百姓一揆に関する史料だけに限らないのであるが、ついこのあいだまでは、くずし字で書かれた手書きの古文書が出てくれば、そこに書かれていること、そこから読みとれることは「事実」であるとみなされてきた。ところが、どんな文書も何らかの意図があって作成されたものであって、「立場性」があるということが明らかになった今、もはや、そのような素朴な実証主義は通用しないのである。

偽文書から読みとれること

その反面で、偽文書(ぎもんじょ、ぎぶんしょ)の位置づけが変わった。偽文書とは、「偽造・変造・虚偽記載の文書」(『広辞苑』第七版)であり、かつては歴史研究者が近づいてはいけないものであった。

たとえば、千葉徳爾《ちばとくじ》によれば、日本各地の山村に「狩之巻《かりのまき》」と総称される、山の民(狩猟民)

の由緒を伝える文書が残っている。内容は、狩りで渡世することを神に許された次第を述べ、そのゆえに山中の往来と肉食の自由とを強調するもので、東日本では源頼朝が狩りを許したという由来を伝える「頼朝下文《くだしぶみ》」という文書を付けたものもあるという。

この「狩之巻」はいうまでもなく偽文書であり、書かれている内容を信じて頼朝の時代の文書として読んでしまうと、誤ってしまう。しかし、徹底した史料批判をくわえることによって、この偽文書が作られた時代がわかれば、ある時代に偽文書を作ってまで自己主張せざるを得ない人たちがいて、そうした人たちの生の声(叫び)が込められた第一級の史料ととらえることができる。

近世の被差別民が伝えた「河原《かわら》巻物《まきもの》」と呼ばれる由来書についても同様のことがいえるのであるが、偽文書こそ面白いと私は思う。第一次史料と言われ特権的な地位にあった手書きの文書も、明らかに偽作された文書も、同じように厳密な史料批判をくわえて、その歴史的位置を解明することが、今求められているのである。

物語性・フィクション性

とはいえ、物語性・フィクション性を色濃く有するものを史料として使うことへの忌避意識が、近代以降の日本の歴史学に根強くあることについても述べておかねばならない。歴史学と物語との関わりをいうときに、すぐに想起されるのは、一四世紀の動乱期を描いた物語である『太平記』である。

明治の初め、近代歴史学の礎を築いた帝国大学(のちの東京帝国大学)の教授たちが、『太平記』に批判的であったのはよく知られていることである。久米邦武《くめくにたけ》(一八三九―一九三一)は一八九一年、「太平記は史学に益なし」(『史学会雑誌』)という論文で次のように述べた。

太平記は下賤《げせん》の人の書き綴りたる話し本にて、今にていハヾ、軍談講釈師が正史実録と唱へて、続き話しを演《や》ると同性質のものなり、殊《こと》に政事又は朝廷公方向きの事ハ、所謂《いわゆる》下人の天下扱ひと謂べき、浅墓《あさはか》なる考へを述立《のべだて》たるものなれば、学者の研究には何の益もならぬ書なりと知べし。

このように、日本近代の歴史学は、その出発点で、『太平記』との決別を宣言した。『太平記』は「下賤」の者が書き綴った話本であって、いまどきの軍談講釈師が正史・実録だと称して「続き話し」を演じるのと同じであると、その批判は手厳しい。

久米邦武は、一八七一年に岩倉使節団に随行して、『米欧回覧実記《べいおうかいらんじっき》』を執筆。その後、帝国大学の国史学教授、兼臨時編年史編纂委員を務めた。「古文書学」の命名者であり、「片紙断簡にても古文書の益」ありとして、古文書を使って歴史を叙述しようとした、アカデミズム歴史学の草分け的存在であった。

また、久米の同僚であった重野安繹《しげのやすつぐ》や星野恒《ほしのひさし》も同様の態度をとった。『太平記』のような物語に依拠してきた従来の史学に対抗して、古文書・日記にもとづく実証史学を立ち上げねばならないという信念が、彼らを『太平記』批判に向かわせたのであろう。

久米邦武事件、南北朝正閏論争、そして皇国史観

近代の歴史学はその初発で『太平記』を切り捨てようとしたにもかかわらず、現実には、『太平記』につまずき挫折させられた。久米の「太平記は史学に益なし」に対して、『太平記』に基づき南朝の遺臣を祀った神社を創り顕彰していた神道家たちは反発した。久米が同じ一八九一年に書いた「神道は祭天の古俗」論文が、その怒りに油を注いだ。神道は未開社会の遅れた古俗に過ぎないのだという内容に怒った神道家たちは、翌年二月、久米宅を訪れ抗議、さらに内務省と文部省にも抗議し、ついに久米は帝大教授の職を追われてしまったのである（久米

邦武事件)。

二度目の挫折が南北朝正閏《せいじゅん》論争である。一九一一年の帝国議会で、国定教科書『小学日本の歴史』が、南朝と北朝を併記していることが問題となった。結局、明治天皇の裁断により、南朝を正統とし、北朝の歴代の祭祀は従来どおりと決定された。国定教科書の編纂委員の喜田《きた》貞吉《さだきち》は休職処分となり、教科書の記述も「南北朝時代」から、「吉野朝時代」に改められた。

第三の挫折は、皇国史観である。皇国史観とは、天皇が永遠に君臨する神国の歴史として日本の歴史を描く歴史観である。代表的論者は、東京帝国大学文学部の国史学・日本思想史学兼任教授の平泉澄《ひらいずみきよし》(一八九五―一九八四)である。この平泉が皇国史観の聖典として評価したのが『太平記』であり、理想的臣民として称揚したのが「楠公《なんこう》」すなわち楠正成だった。

「楠公こそは、忠義のいたましき実践者、臣道の尊き師範であつて、日本の道は公によつて益々明かとなり、皇国の尊厳は公によつて愈々《いよいよ》加はつたのである。曽《かつ》て明治維新の偉大なる先覚が、多く公によつて奮起せられた如く、今日大東亜戦争の勇士が、陸に海にはた空に、壮烈鬼神を泣かしむる奮戦も」、「六百年前の師範楠公の指南による所」が非常に多い。今や、「我等臣民の皇道翼賛の任務」を果たすべく、「楠公の精神を明かにし」、これを「国民の間にひろめて、国民全部」の「魂を清める事」が「最も必要な事といはねばならぬ」と、平泉は述べる。

まさに国民を戦争に総動員するイデオロギーの役割を果たしたのである。

近代歴史学は、『太平記』のくびきを逃れることができず、結局のところ、『太平記』により挫折させられた。そのため、戦後、研究者は『太平記』を避けてきた。教育の現場でも、戦前の教科書に墨を塗り、正成を抹消してきたのである。

しかしながら、冷静に考えてみると、『太平記』は一四世紀の歴史的産物であり、それに対し皇国史観は二〇世紀の歴史観である。『太平記』という軍記物語が成立してから近代・現代まで、『太平記』が時代のなかでどのように読まれてきたのか。『太平記』の読書史を検討してみる必要がある。

また、『太平記』には、他にないさまざまな史料が使われていて、『太平記』からしか明らかにできない歴史的事実も多くあるであろう。歴史学は、『太平記』を忌避するのではなく、むしろ『太平記』という物語を積極的に史料として使いこなしていく必要があろう。もちろん、そのためには徹底的な史料批判を行わなければならないのは言うまでもない。『太平記』をして史学に益あらしむるよう、努力していかねばならないのである。

一揆の記録に話を戻せば、たとえ物語性・フィクション性の高い記録でも、それを切り捨てるのではなく、むしろそこから何が読みとれるのか、徹底的に考えてみる必要がある。以下では、そうした記録を取り上げて、じっさいに読んでみたいと思う。

2　百姓一揆の記録を読む（一）
──『因伯民乱太平記』の世界──

一揆の記録を読んでみよう

日本列島の各地には、それぞれの地域で起きた百姓一揆の記録が、今も伝わっている。興味がある方は、図書館等で、第一章でも紹介した『編年百姓一揆史料集成』(既刊一九巻)を、一冊でも手にしていただきたい。そうすれば、一揆にかかわって、いかに多くの記録が作られたかがわかるであろう。

戦後の歴史研究のなかで、封建社会における民衆の抵抗運動として一揆に光りがあてられ、一揆記録が発見され活字に起こされた。活字になったものだけでもこれだけ多くあるのであるから、いったいどれくらい多くの一揆記録が作られたのか、想像することすら困難である。そうした一揆記録のうち、先に述べた②物語性が強いものの一つをここに取り上げ、読んでみたい。

『因伯民乱太平記』とは

『百姓一揆事典』(深谷克己監修)は、近世の百姓一揆について、第一線の研究者が執筆したもので、読み物としても面白い。この事典のなかで、「元文四年(一七三九)二月二一日、因幡・伯耆国鳥取藩領減免強訴・打ちこわし(元文一揆・因伯民乱・勘右衛門騒動)」という名前で収載されている一揆を、まずは取り上げたい。この一揆を記録したのが、これから読んでいく『因伯《いんぱく》民乱太平記《みんらんたいへいき》』である。

この一揆は、元文四年に因幡《いなば》国と伯耆《ほうき》国の二つの国を治める鳥取藩領(現在の鳥取県。藩主は池田家)で起きた、年貢の減免を求めての強訴である。『百姓一揆事典』にあった「因伯民乱」という呼び名は、この一揆記録の名称に由来する。他方、「勘右衛門騒動」という呼び名は、一揆の指導者で後に捕らえられて梟首《きょうしゅ》(さらし首)に処された松田勘右衛門《まつだかんえもん》という因幡国八東《はっとう》郡東村(現鳥取県八頭《やず》郡八頭町)の百姓の名前に由来する。

『因伯民乱太平記』の作者は「咄聴堂集書先生《とっちょうどうしゅうしょ》」。咄し聴き、書を集めるという意味のペンネームであり、実名はわからない。成立時期は、冒頭の序では「元文五申歳《さるどし》」といい、末尾では、「四民の心広くして寛《ゆたか》に保つ春迄に太平国とぞ治りぬ」と、「寛保」という元号を読み込んでいる。元文六年から寛保元年への改元は旧暦二月二七日、新暦でいえば一七四一年四月のことであるから、一七四〇年から四一年にかけてと推定される。

鳥取県立図書館所蔵のものは文政一三年（一八三〇）に書写された本であり、興味深いことには、書写した者の名前があった部分が切り抜かれている。いつ、誰が切り抜いたのかわからないが、名前を隠そうとする意識があったのであろう。にもかかわらず、かつての鳥取藩領内に、異本も含めて十数種の写本が現存しており、流布していたといえよう。

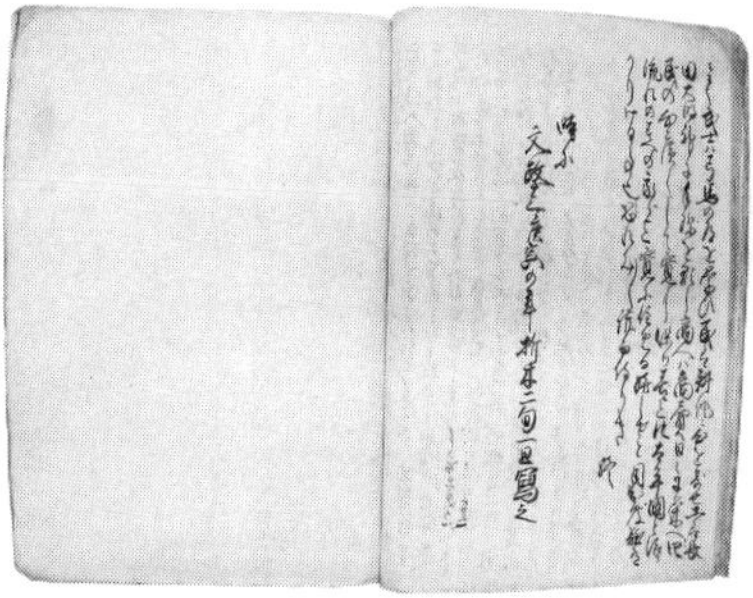

図11　『因伯民乱太平記』末尾
（鳥取県立図書館蔵）
末尾に記されていた書写者の名前が，切り抜かれている．

前置きはこれくらいにして、『因伯民乱太平記』の世界に皆さんをご招待したい。なお、以下、本章では、引用はあえて原文のままとした（ふりがなは適宜、ほどこした）。できれば声に出して読んで欲しい。

一揆の発端と経緯

『因伯民乱太平記』によれば、一揆の発端は、その前年の元文三年（一七三八）が凶作で稲が実らず、百姓が歎いていたにもかかわらず、厳しく年貢を取り立てられたため、春早々から百姓が飢餓に陥ったことにあった。

偏《ひとえ》に大庄屋末《すえ》を労《いたわ》る心なきより起り、御願をも上《のぼさ》ざる事成《なり》と、百姓心を一つにして恨を国中の在役人にふくみ、何方《いずかた》となく張本《ちょうほん》七八人出来《いできた》りけり。

下々をいたわる心を持たない大庄屋が、飢餓に瀕する百姓を救済する「御願」を藩に上げなかったからだと大庄屋を恨むものが出てきて、いつのまにか一揆を企てる「張本」(張本人、頭取とも。指導者のこと)が七、八名出てきたという。

現在の私たちには読みにくい独特の文体である。だが、近世の人々にはもっとも身近なありふれた文体である。近世人になったつもりで、いましばらくお付き合いいただき、続きを読み進めていこう。

翌年二月、百姓らは、「御上《おかみ》へ御願申上候ため」、鳥取城下に「押寄《おしよ》」せた。その途中で、「棒・鎌・鳶口・熊手」で、「国中大庄屋手代《てだい》役人共を打潰《うちつぶ》し」た。第二章で論じた一揆勢の

「得物」についても言及されていることに、注目していただきたい。

　この「打潰」すなわち打ちこわしは、末々の百姓をいたわる心がないことへの報復であったが、才代《さいたい》（現鳥取県八頭郡八頭町）の「大庄屋弥惣兵衛《やそべえ》」については、「知徳にして末を労《いたわ》る者なれば、是を潰《つぶす》は善悪を知らぬどろぼふと知慮有る人に笑《わらわ》れん、必《かならず》狼藉《ろうぜき》すな」と、百姓をいたわる大庄屋宅の打ちこわしは行わなかったという。

　ここには、大庄屋や、その下で働く手代役人は百姓をいたわるべきだという、一揆勢の主張を読みとることができる。とはいっても、この記録の作者が百姓の立場に立っているのではないことは、別の箇所で徒党・打ちこわしを「悪道にはかたまり安き世の習《ならい》」と述べていることからわかる。

　さて一揆勢は、「八人の張本」の指揮のもと、整然と行動した。その様子は、「天正の頃、秀吉公の発向《はっこう》もかくやと思ひやられて皆々恐れをなしにけり」と、話に聞く豊臣秀吉軍の進軍を想起させられるほどであったという。

　このように、一揆勢は決して烏合《うごう》の衆ではなく、自分たちのエネルギーを向ける対象を選別し、また秩序だって行動する力量を持っていたものとして描かれている。第二章で紹介した『夢の浮橋』における「大寄」の様子を、ここでもう一度想起しておいていいかも知れない。

さて一揆勢は、大庄屋宅を「二方に取りまきて、ときの声をぞ上げにける」と、合戦さながらの鬨《とき》の声をあげる。

張本進み出、「ヤア推参也《すいさんなり》、虎の威をかる狐づら、御上《おかみ》を掠《かすめ》、下をも潰し、御褒美《ごほうび》に目がくれて立毛《たちげ》も見えぬ夏勘定《なつかんじょう》、迚《とて》も餓死する我々なれば、存生《ぞんじょう》の内に此一礼を申さんため是《これ》迄《まで》おしよせ参りたり、我々が存念は、汝ら弐人が首を取て蒲生峠《がもうとうげ》と長和瀬坂《なごうせさか》に獄門の木にかけさらし、其後は城府へ参り、大悪人の米村を壱歩刻《いちぶきざみ》にする所存、あれ生捕《いけどれ》れよ」と下《げ》知《ち》すれば、皆々一度にどつと寄。

「推参」とは、「さしでがましいこと。無礼なふるまい」(『広辞苑』第七版)である。怒ってののしるときの言葉で、『太平記』中で使われ、近世の近松門左衛門の浄瑠璃・歌舞伎の脚本にも多用される。「ヤア推参也」から「あれ生捕れよ」までを、声に出して読んでみて欲しい。抑揚を付ければ、歌舞伎で張本人役を演じているような臨場感を味わうことができるであろう。なお、「立毛も見えぬ夏勘定」とは、凶作でも年貢減免を許さない鳥取藩の施策を批判する表現であろう。また、「大悪人の米村」とは、後に出てくる鳥取藩郡代《ぐんだい》の米村所平《よねむらしょへい》のことである。

村を支配している大庄屋を相手にして、このような堂々たる口上を述べる張本人の下知のもと、一揆勢は、「重郎兵衛屋形《やかた》をば悉《ことごと》く打潰し、家財器迄悉く打潰し」、「半時斗《はんときばかり》に大屋形を野原のごとくにあらしけり」というありさまだった。それを、「天魔の所為《しわざ》かと恐ろしき」と、この物語の作者は述べており、人間わざを超えたものと観念している。

こうして、因幡国の一揆勢「三万余人」、伯耆国からの一揆勢「弐万百人」により蹴散らされた「在役人ども」が「漸々《ようよう》命を助かり迯帰《にげかえ》」った鳥取城下では、「町家中是のみの咄しなりし」と、この話題でもちきりで、「御家老郡代元〆役《もとじめ》」は、この一揆をどう処理するか「評議取々《とりどり》まち〱」の大騒ぎである。

こうした情勢を「殿様」が「聞召《きこしめ》されなば御心安かるまじと深く隠し」ていたのだが、ついに藩主池田吉泰《いけだよしやす》の耳に入った。吉泰は、「元〆村田半太夫」を急ぎ呼び出し、「百姓共困窮にて飢人共数多《あまた》乱れ出《いで》騒動をなすと聞《きく》、去年の取立如何様《いかさま》の事なりしぞ」と、昨年の年貢取り立て状況を尋ねた。

半太夫は、「去年は別《わき》ての凶年に候故」、年貢を減免するよう「両度迄米村所平に申し遣し候へ共」、郡代米村所平はそれを拒否し例年どおり年貢を取り立てたのだと申し上げた。それを聞いた吉泰は機嫌を損ね、「急き所平を追込《おいこめ》よ、在役人残《のこら》ず閉門可申付《もうしつくべし》」と、米村所平と役人たちを免職・閉門とした。この一揆記録の作者は、藩主吉泰の処置を「下を恵みの御有様《おんありさま》、有難《がた》くこそ聞へける」と、高く評価する。この「下を恵」む藩主の登場により、一揆は終熄に向かうのである。

「春迄に太平国とぞ治りぬ」

ところが、事後処理の間もなく、吉泰は参勤交代のため江戸に向けて出発する。吉泰はその道すがらも、「百姓の形勢農業の催《もよお》しも見へず乞食多躰《おおきてい》を御覧遊《あそば》され、国の治《おさめ》も心元《こころもと》なく思召《おぼしめし》、平《たいらか》ならず御道中御心痛めさせ給《たま》ふ故にや」、百姓のおかれた境遇に心を痛めつづけていたせいか、江戸到着早々に発病し、手当のかいもなく、七月二三日に没してしまった。

跡をついで藩主になった池田宗泰《むねやす》は、翌元文五年五月に鳥取城に入ると、「役人邪欲有《ある》に依て」訴訟が行われたのであるならば、その役人を処罰すべきだとして、米村所平を追放刑に処す。一方、徒党・強訴をした百姓についても、「民も又願の筋を申上る願方も有べきに、国中騒動致し、先殿の御心を痛ましむる事科《とが》少からず、是に依て徒党の張本悉《ことごと》く々刑罰せしめ、獄門の木に梟《かけ》さらし申べし」と、一揆の張本人たちを死刑に処した。

こうして、「正罪正しき」（明らかな罪をただす）宗泰の裁決により、「家中上下押なべて恐れ入てぞ敬《うやま》ひける」と、宗泰は家中・領民の崇敬を集めた。作者は、次の文章でこの作品をしめくくっている。

正罪正しきは、名にあふ〔負う〕楠正成の智信勇を備へ給ふと、御家中在町残らず敬ひ奉る。夫《それ》より国中寛《ゆたか》にて武士は弓馬の道を学び、民は耕作に心を寄せ、工は長田大明神《ながただいみようじん》に手際《てぎわ》を顕《あらわ》し、商人は商売日々に栄へ、四民の心広くして寛《ゆたか》に保つ春迄に太平国とぞ治りぬ。

家中・領民は、宗泰が「楠正成の智信勇《〔ママ〕》を備」えているとして、崇敬したという。楠正成とは『太平記』のヒーローであり、智仁勇の三つの徳を兼ね備えた人物として称賛されている。有名な正成の徳を備えた藩主の登場により、領内に平穏が回復されたことを言祝《ことほ》ぐことで、終わっている。

このように、いったんは失われた仁政が、仁政を阻害した人物（ここでは郡代米村所平）が除去されることによって、最終的には回復していく。実はこれは、他の多くの物語性の強い一揆記録にも見ることができるプロットである。藩主は、もともと仁政の志を持っていたのに、藩主と百姓との間に邪悪な郡代・代官・大庄屋等が介在したため、百姓に塗炭《とたん》の苦しみを味わわせることになったという、通有のフレーム(枠組み)が成立しているのである。

領主と百姓の間に、領主は「百姓成立」のために仁政を施し、百姓はその恩に応えて年貢皆済をすべきだという関係意識――仁政イデオロギー――が形成されていたことは、前章で見てきたとおりである。一揆の勃発により一時は破綻しかけた仁政イデオロギーが、回復していくプロセスを叙述しているということができよう。

3 百姓一揆の記録を読む(二)
――『南筑国民騒動実録』の世界――

『南筑国民騒動実録』とは

ところが、これから紹介する『南筑国民騒動実録《なんちくこくみんそうどうじつろく》』では、少し様相が異なる。というのは、この記録作品はその冒頭で、一揆の原因について「其根源は」「全く太守の御心正しからず、言語に絶したる御放埒《ごほうらつ》にて国の政道 邪《よこしま》有るが故也」と断言している。すなわち、藩主の心が正しくなくて言葉で表現できないほど放埒で、政道が邪悪であることが一揆の原因であると述べてしまっている。この藩の藩主は、最初から仁政を施す志を持っていないとされる。では、いったいどうやって話のつじつま(?)を合わせ、落着させるのであろうか。読んでみよう。

『南筑国民騒動実録』は、『百姓一揆事典』に「宝暦四年(一七五四)三月二〇日、筑後国竹葉郡ほか久留米藩領人別銀反対強訴・打ちこわし(久留米宝暦一揆)」とネーミングされている一揆の記録である。久留米市立中央図書館に所蔵されており、末尾に天保一五年(一八四四)一一月に「百花園主人《ひゃっかえん》」が書写した旨が記されているのみで、作者の記載はない。同種系統の異本である『筑後国乱実実記《ちくごのくにらんじつじっき》』の末尾には、「宝暦四年戊六月日/安永七戌神在月写之《かみありづきこれをうつす》　伊東性隠林子真武　六十六歳」とあり、遅くとも安永七年(一七七八)頃までには、作品の原型が出来上がっていたと推定することができる。

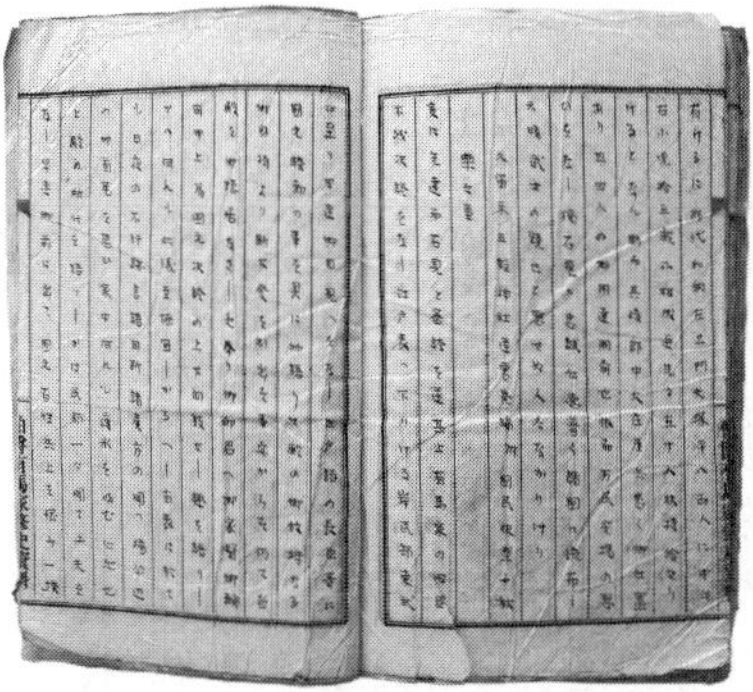

図 12　『南筑国民騒動実録』(久留米市立中央図書館蔵)
「伯爵有馬家修史資料」の便箋から，原文書ではなく，近代に写されたものであることがわかる．

巻頭の「総目録」をあげよう。

天之巻

一　国民困窮発端之事

一　徳雲寺源海和尚諫言を被捧《ささげらる》事

一　久留米城中評議之事
一　徳雲寺閉門之事　附有馬石見蒙勘気《かんきをこうむる》事
一　郡中百姓偽て鉄砲を借事
一　高良山怪異之事
一　吉井組大庄屋青山秀左ヱ門百姓に一味之事　附郡中騒動之事

地之巻

一　郡中より久留米へ注進之事　附所々百姓蜂起之事
一　清徳院殿有馬石見を被召《めさるる》事　附領分所々ヨリ注進之事并落書狂歌之事
一　服部水島恥辱之事　附山村村上臆病之事
一　惣百姓手配所々大庄屋を打崩す事　附八方大騒動之事
一　青山秀左ヱ門由緒之事
一　原田惣左ヱ門方怪異之事　附原田十蔵大ニ働き討死之事
一　原田惣左ヱ門被討事　附郡代より注進之事
一　久留米城下騒動之事

一　重ねて郡中騒動之事
一　清徳院殿徳雲寺江御文通之事　附源海和尚返翰之事

人之巻

一　源海和尚忍びて石見屋敷へ被参《まいらる》る事　附和尚石見問答之事
一　岸民部石見方へ使者之事
一　有馬石見岸民部に対面之事
一　郡代より久留米へ注進之事　附石見深智之事
一　青山秀左ヱ門石見屋敷へ来る事
一　石見八幡河原へ被向事
一　青山秀左ヱ門切腹一書を残す事
一　久留米城中評議之事　附石見秀左ヱ門が義死を愁傷之事
一　久留米五穀神社造営発端之事　附国民快楽千秋楽之事

「国民困窮発端之事」

さて、この作品は、「爰《ここ》に九州筑後国久留米の城主有馬中務大輔《ありまなかつかさたいふ》頼徸《よりゆき》公と申ハ、元祖播州《ばんしゅう》赤《あか》松律師《まつりつし》則祐《のりすけ》の末葉にして武勇隠れなき家筋也」という一文からはじまる。久留米藩（現福岡県久留米市）の藩主有馬頼徸（一七一四―一七八三）は、『太平記』に活躍が描かれている南北朝期の武将赤松則祐（一三一四―一三七一）の子孫で、武勇に隠れない家筋である。「然るに宝暦四年戌の春に至り、領分大に乱れ万民心を安んずる事」ができなくなってしまった。

領内が乱れてしまった原因はひとえに、頼徸の心が正しくなく放埒で、政道が邪悪であるからだとする。具体的には、「常に遊猟を好み」、「曲輪《くるわ》に遊び」（遊郭通い）、「酒宴乱舞に長じ」、「国政を構わず」、「おもねり諂《へつら》ふ者を愛し、正しき人立退《たちしり》ぞけ」、「金銀を土砂の如くまき散らし」というようなありさまで、「領民の難渋とせまり来て何《いず》れも上の非道を恨む」ようになったとする。

頼徸はさらに、宝暦三年（一七五三）の秋頃から、「無類の美女」であった大庄屋原田惣左衛門の妻に入れ込んで、惣左衛門宅に入り浸る。「数日御逗留あり」て、夫のある人妻を愛し、「世の人口をかへり見給ふ事なし」、世間の評判など一向に気にしないというていたらくであった。それを諫めた菩提寺徳雲寺の和尚と家老有馬《ありま》石見《いわみ》に対して、頼徸は激怒し、閉門に処した。その後は、諫言をする者は一人もなくなり、「佞奸邪曲《ねいかんじゃきょく》」の者だけが栄えるようになってしまったという。

こうした悪政が積み重なり財政が窮乏したために、藩は年貢を増徴し、翌宝暦四年三月に、藩主の「御参勤之御用金」としてすべての領民に「人別銭《にんべつせん》」(人頭税)を賦課し、その上納を命じた。これに怒った「惣百姓」は「一味徒党」して、大庄屋宅を焼き払い打ち潰し、久留米城下に押し寄せたのである。

「青山秀左ヱ門切腹一書を残す事」

そうしたなか、大庄屋の青山秀左衛門は、他の大庄屋たちの非道を糾弾し、「万民の為」として「惣百姓」に「一味」(加勢)して一揆を主導した。それに対し、一揆を押しとどめるべく、青山秀左衛門と交渉に当たったのは、謹慎中の有馬石見であった。交渉がまとまり、その結果を「高らかに読上」げたところ、「数十万之百姓共是を聞て踊り揚つて悦ぶ声、暫《しば》しハ天地震動セリ」。「用意したる鉄砲壱万三千余挺壱度に打放《うちはな》す。其音天も崩れ、大地も裂《さけ》る計《ばかり》なり」と、まさに「地鳴り山鳴り」の様相であった。

ところが、である。このあと青山秀左衛門は「一書」をものし「郡中村々へ」送って、自害してしまった。その遺書には、「有馬石見殿の仁徳に依て忽《たちまち》静謐《せいひつ》に至り郡中和を整」えたこと、「〔石見殿の〕寛仁大度の計《はから》ひ」で「重科《じゅうか》を赦免」して処罰者を出さなかったことに感謝を表明しつつも、「万民の為とは言いながら」「国主に弓を引事抔《など》天道此罪をまぬがし給ハんや」と、藩主に弓を引くことになってしまった我が身を責める文言が記されていた。これを読んだ領内の人々は、「貴賤男女の隔《へだて》なく、感涙を流さぬハなかりけり」という状況だったという。

久留米藩の「家老中」でも、「何れも感じ涙を止め兼《かね》、暫《しばら》く詞もなかりける」。そんななかで有馬石見は、次のように述べた。

元弘の昔、後醍醐天皇の御子大塔《たいとう》の宮盛長〔護良《もりなが》〕親王父帝の勅を蒙《こうむ》り、相模入道〔北条高時〕征伐の為芳野〔吉野〕に籠らせ給ふといへども、御運未だ時至らず、相模入道大軍を以て芳野城に攻来り終《つい》に落城せり。其時村上彦四郎義時〔ママ〕武具を抜捨《ぬぎすて》、宮の御装束を着し我こそ大塔の宮也と名乗て、腹一文字に掻破《かきやぶ》り火の中に飛入て、親王を落し奉りし、其忠名後世に輝けり。

忠臣村上彦四郎（義光《よしてる》）が護良親王の身代わりとなって幕府軍を欺き、親王を落ちのびさせたという『太平記』の逸話を引き、秀左衛門が「前代未聞の忠臣」であると述べて、涙の袖をしぼったという。

こうして騒動は終結したのであるが、参勤から帰国した有馬頼徸は、「早速家老中を召《めさ》れ、百姓一揆の始末の事逐一御聞紀《おききただ》」した。そして、閉門中の有馬石見が一揆の処理にかかわったこと、一揆の「頭取」を処罰していないこと等を咎め立て、「頭取穿鑿《せんさく》の上、数十人の者召捕《めしとらえ》、暫く牢舎の上其郡々に於て逆磔《さかさはりつけ》にぞ行れける」と、一揆の頭取たちの体をさかさまにして磔にした。

それに対し有馬石見は、自らが「仁情を以て計《はから》ひ置し事水の泡と成」ってしまったことに絶望し、「惣百姓へ申わけなく、猶又《なおまた》主人の御所存を見限り、終に切腹して相果てける」と、自害してしまった。

「久留米五穀神社造営発端之事　附国民快楽千秋楽之事」

ここまで読んでくると、藩主有馬頼徸がいかに暗愚であるかを思い知らされるのであるが、この一揆記録は、次のような後日談を付けくわえている。

石見が切腹して相果てると同時に、石見の魂魄がありしままの姿で御殿に現れる。それが、昼夜、頼徸につきまとい、諫言し続ける。またさまざまな怪異が城内に出現したという。頼徸は「次第に石見が誠忠の程の思ひ当り給ひし程に、石見が霊魂に向ひて是迄の不行跡非道非義の事、其方《そなた》が誠忠の心に依て自身の悪行を思ひ当り、今更《いまさら》後悔千万也、向後《きょうご》心底を改る間何卒《なにとぞ》堪忍致し呉《く》れよ、且《かつ》其方が忠誠感ずる余り其霊を神と崇め国家の守護神と仰《あお》ぐべし」と悔恨の情を述べて、「再拝頓首《さいはいとんしゅ》して御侘《おわび》有りけれバ」、「石見が亡霊頻《しき》りに涙を流して悦び、猶も御教訓を奉りてかき消すごとく成にけり」。石見の亡霊もようやく姿を消したというのである。そして、

是よりハ御行跡急度《きっと》改りて、下にハ仁を施し神仏の御信仰怠り給わず。且《かつ》徳雲寺に御入有て、是迄の非議の御侘《おわび》こまやかに仰《おおせ》られ、昼夜学問出精《しゅっせい》あり、賞罰明らか成り(下略)

頼徸は心を入れ替えて、行跡を改め、百姓には仁を施し、神仏への信仰を怠らず、昼夜学問に励み、公明正大な賞罰を行うようになったという。

「家中をはじめ領民一統歓《よろこ》びあへり、斯《か》て久留米城下東の入口」に大社を造営したところ、その年からは、他領で不作のときにも久留米藩の領内に限り五穀が実るようになった。「万民」

が「是ぞ石見殿の御情の陰《かげ》也、誠に五穀の神にて有けりと悦びの声家々に満」ちた。

このことが頼僮の耳にも達し、「其神号を則五穀神《ごこくしん》と崇め」たところ、諸国の人々が参詣に訪れるようになり、祭礼もととのって、「久留米の御繁昌といふハ此御神の祭礼也」といわれるほどに栄えた。こうして、

是ひとへに誠義真忠の厚き処より斯《かく》の如し、猶末永き君が代の国民快楽静謐に治《おさま》る御代《みよ》こそ目出度《めでた》けれ。

末永く「国民」が「快楽」し、「静謐に治る御代」になった、めでたいことだと述べて、物語は終わっている。

この一揆記録は、当初、藩主がいわば暴君として立ち現れたところが、先の『因伯民乱太平記』とは異なっている、しかし、一揆の後に頼僮が改心したという逸話を述べることによって、やはり本来あるべき仁政的な世界が回復されたことを言祝いで、作品を締めくくっているのである。

頼徸の治世とは

有馬頼徸は、享保一三年（一七二八）の久留米藩享保一揆（筑後国生葉《いくは》・竹野《たけの》・山本郡久留米藩領年貢増徴反対強訴）後の藩内抗争で退任した則維《のりふさ》の後を受けて、一五歳で藩主についた。それから亡くなるまで、治世はなんと五一余年に及ぶ。

頼徸の政治がどのようなものであったかは、よくわかっていないが、彼の名前を辞書で引くと、自身が関孝和《せきたかかず》の流れを汲む関流和算を代表する和算家で、『拾璣算法《しゅうきさんぽう》』（明和六年〔一七六九〕刊行）など多数の和算書を執筆するとともに、優秀な和算家を召し抱え、援助した人物として知られている（『国書人名辞典』『世界大百科事典』）。また、久留米藩に藩校を設置するなど、学問振興・人材育成に力を注いだ大名としても知られている。

五穀神社は、頼徸の時代に造営されたとされ、久留米市通外町《とおりほかまち》に現存している。だが、その祭神は豊宇《とよう》気《け》比《ひ》売神《めのかみ》（伊勢神宮の外宮《げくう》に祀られている豊受大神《とようけのおおみかみ》の別称、穀物神）と稲次因幡《いなつぐいなば》正誠《まささね》とされ、有馬石見の名前は見えない。

稲次因幡とは、久留米藩享保一揆が起きたときに一揆勢との交渉に当たり、その要求を全面的に受けいれた家老である。一揆後、その責任を問われ禄を取り上げられ蟄居《ちっきょ》させられ、失意のうちに亡くなってしまう。百姓らが彼を五穀神として尊崇していたのを、藩主頼徸が顕彰し五穀神社を造ったと伝えられている。

右の一揆記録では、祭神を有馬石見としているところが面白い。考えてみれば、因幡も石見も、一揆勢と交渉してその要求を受けいれて一揆を終熄させた家老であり、ともに久留米藩主から処罰されている点で共通している。この記録の作者(未詳)が両者を混同するのも、やむを得ないかも知れない。

図13　五穀神社(久留米市)

ただし、頼僮の生涯を考えると、一揆と家老の死により血塗られた前半生から、学問を振興し人材を育成した後半生との間になんらかの転換を見いだすことは可能であり、それを叙述してみせたのが、『南筑国民騒動実録』だといえるかも知れない。

なお前述の、同種系統の異本である『筑後国乱実実記』は、有馬石見が一揆を鎮めたところで叙述を終えている。頼僮の命で一揆の頭取を処刑したという一揆の顚末部分の記載がないのである。有馬石見の仁慈ある計らいによって一揆が終結したところで、作品を終わらせていて、仁政回復で落着させようとする作者の意図を読みとることができる。

しかしながら、実際には頭取が捕捉されて死刑に処せられたのであって、久留米藩の領民の記憶からそれを消し去ることができるはずはない。頼徸による残虐な処刑を書いた上で、石見の幽霊の諫言により頼徸が改心したと物語ることによって、仁政が回復されたと叙述したのが、『南筑国民騒動実録』だといえよう。

両書のうちどちらが先にできたのか、すなわち『筑後国乱実実記』を増補して『南筑国民騒動実録』が作成されたのか、あるいは『南筑国民騒動実録』の最後の箇所をカットして『筑後国乱実実記』ができたのか、を判断する根拠は、現時点ではない。しかし、いずれにせよ、仁政の回復で落着させていることは、一揆の記録作品とはなんだったのかを考えさせてくれ、非常に面白い。

第四章
百姓一揆物語はなぜ生まれたか

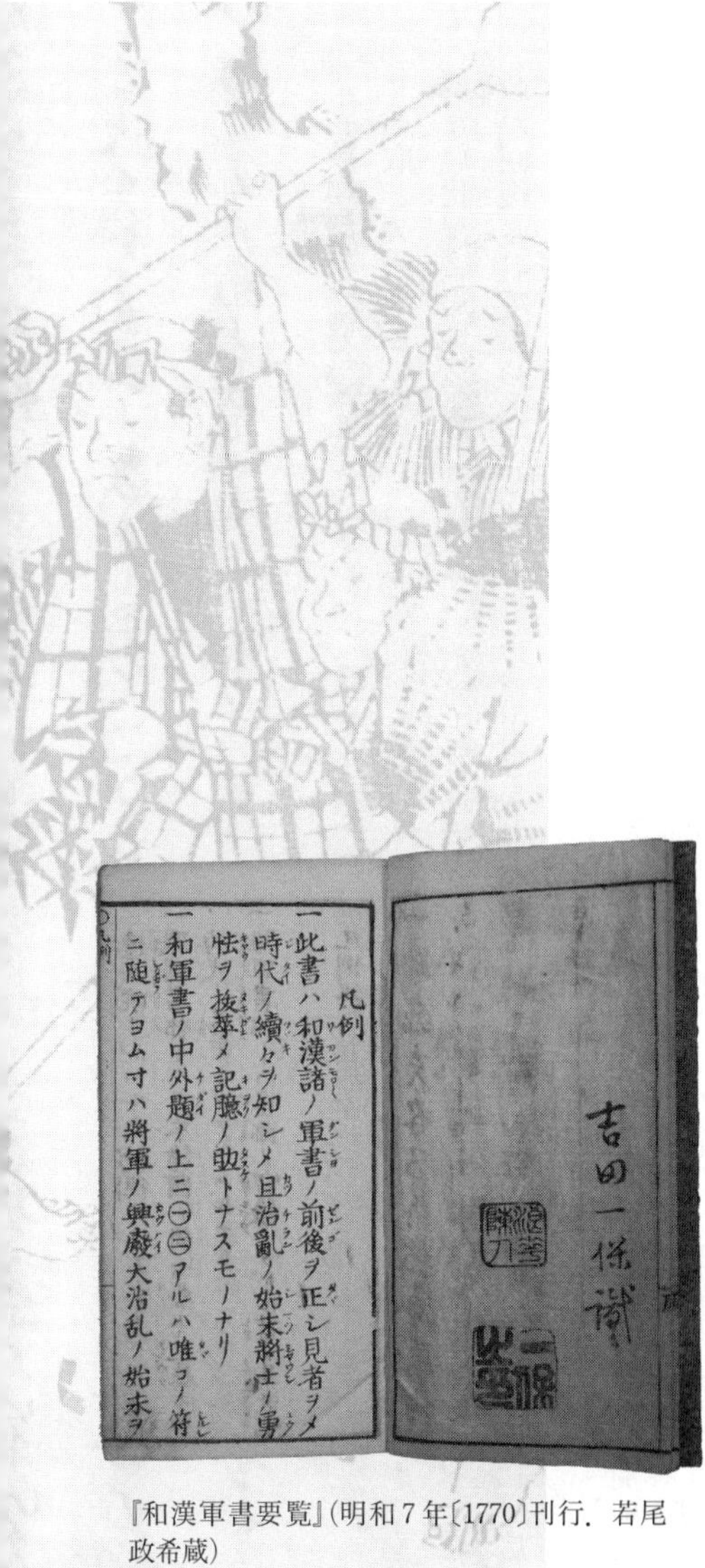
凡例
一 此書ハ和漢諸ノ軍書ノ前後ヲ正シ見者ヲメ
時代ノ續々ヲ知シメ且治亂ノ始末將士ノ勇
怯ヲ抜萃メ記臆ノ助トナスモノナリ
一 和軍書ノ中外題ノ上ニ㊀㊁アルハ唯コノ符
ニ随テヨムオハ將軍ノ興廢大治乱ノ始末ヲ

『和漢軍書要覧』(明和７年〔1770〕刊行．若尾政希蔵)

1　一揆物語の構造

一揆物語を年表にすると

鳥取と久留米という二つの地域で起きた百姓一揆の記録を読んできた。百姓が強訴せざるを得ない状況に追い込まれるほどに、治者と被治者との関係は険悪になるが、最後はあるべき仁政が回復されて、めでたしめでたしで幕引きとなる。これは他の地域の、他の一揆記録にも広く見られるプロットである。

いうまでもなく個々の一揆記録は個別の一揆を題材にしており、ある記録の影響下に別の記録が形成されるというような、相互の直接的な関連性をもっていないのが一般的である。また、これらを一括するような文学ジャンルがあったわけでもない。こんにち、こうした物語性のある一揆記録を指して「百姓一揆物語」という呼称が通用しているが、これは当時のジャンル意識にもとづくものではなく、現代の研究者が付けた呼称に過ぎない。

では、なぜこのような類似した一揆記録が作られたのであろうか。ここでは、こうした記録を先行研究にならって、百姓一揆物語と呼び、百姓一揆物語が作成されたことの歴史的意義を解明していきたい。

次の表は、百姓一揆物語を、一揆発生年月順に年表にしたものである。六三点掲載したが、いうまでもなく、すべての一揆物語を挙げたわけではない。戦後の歴史研究のなかで発見され活字にされてきたもの、前述の『百姓一揆事典』に掲載されているもの等から、適宜、ピックアップして作成したものに過ぎない。日本各地にまだ掘り起こされていない物語は多いであろうから、今後、研究が進展すれば、まだまだ増えることになるであろう。

表をみると、横欄の最初の項目は、「一揆発生年月」である。番号①は、第二章で少し触れた義民佐倉惣五郎の物語でよく知られている一揆である。おそらく現代でも最も有名な百姓一揆であるので、表の最初に挙げたが、それがいつ起きたのか、正確なことはわかっていないので、「不明」とした。

「地域」欄には国郡を記し、「所領」欄には藩領であるか幕領であるかを記した。「タイトル(書名)」欄には、その一揆についての代表的な記録を挙げたが、一揆によっては複数記載した。「作者」欄には、署名があるものを記したが、実名がわかっているものはわずかである。「成立時期」の欄を見ると、不明なものが多いが、一七世紀にはなく、一八世紀の半ばに広く作られ

挨物語年表

所　領	作　者	成立時期	書写情報
佐倉藩			最古は1773年写
水戸藩	萩谷定右衛門		
大聖寺藩			1755年4月
			1762年12月大聖寺藩士児玉則忠
幕領			1837年7月18日蓬莱亭安則
津山藩	神風軒竹翁	1727年6月	
幕領	長沢利四郎信貞	1764年2月	
鳥取藩領	咄聴堂集書先生	1740-1741年	1830年
幕領	久本村庄屋四郎右衛門	1829年3月	
上山藩			
姫路藩	播陽隠士	1750年10月	
幕領	堤清信(臨江亭芦舟)	1756年3月	
			1899年3月韮沢氏写
二本松藩	酒酔堂	1749年12月	
幕領			
久留米藩		1754年6月	1778年伊東性隠林子真武
			1844年11月百花園主人
加賀藩			

表　百姓一

一揆発生年月	タイトル(書名)	地　域
① 不明	『地蔵堂通夜物語』	下総国印旛郡
② 1709年(宝永6)1月	『宝永水府太平記』	常陸国茨城郡他
③ 1712年(正徳2)10月	『農民嗷訴記(加農太平記草稿)』	加賀国江沼郡
④	『那谷寺通夜物語』	
⑤ 1720年(享保5)11月	『奥州南山御蔵入物語』	陸奥国会津郡
⑥ 1726年(享保11)12月	『美国四民乱放記』	美作国真島・大庭郡
⑦ 1729年(享保14)3月	『大森騒動記』	陸奥国信夫・伊達郡
⑧ 1739年(元文4)2月	『因伯民乱太平記』	因幡・伯耆国
⑨	『因幡民乱記(因幡民乱新太平記)』	
⑩ 同年　3月	『勝北太平記』	美作国勝北郡
⑪ 1747年(延享4)5月	『深秘奥海道五巴』	出羽国村山郡
⑫ 1749年(寛延2)1月	『播姫太平記』	播磨国印南郡
⑬ 同年　12月	『伊信騒動記』	陸奥国信夫・伊達郡
⑭	『五穀太平記』	
⑮ 同年　12月	『夢物語』	陸奥国安達郡
⑯ 1750年(寛延3)7月	『米倉騒動実録』	甲斐国八代・山梨郡
⑰ 1754年(宝暦4)3月	『筑後国乱実実記』	筑後国竹野郡他
⑱	『南筑国民騒動実録』	
⑲ 1757年(宝暦7)11月	『川上農乱記』	越中国砺波郡

上田藩			
幕領他	白ガイ道人	1771年11月	
	足立郡植田谷村某	1765年1月	1766年沙門自砂, 1768年布救
福井藩			
亀山藩	物部猶定		
長岡藩	井上馬来		
唐津藩			
幕領			1809年6月
	加納東皐	1778年6月	
高野山領	井畑義珍	1779年2月	
松江藩			
幕領	伏酔隠士	1795年	
福山藩	浪華城南隠士	1787年自序	
幕領			1826年3月沢井村中村甚四郎
刈谷藩			
盛岡藩		1796年	
津藩	葉無之種成	1797年序	

⑳ 1761年(宝暦11)12月	『上田騒動実記』	信濃国小県郡
㉑	『上田縞崩格子』	
㉒ 1764年(明和1)閏12月	『川越蠢動記』	武蔵・上野・下野・信濃国
㉓	『伝館騒動記』	
㉔	『天狗騒動実録』	
㉕	『狐塚千本槍』	
㉖	『武上騒動記』	
㉗	『尚風録』	
㉘ 1768年(明和5)3月	『北国侍要太平記』	越前国坂井・今立郡
㉙	『ひら仮名盛衰記』	
㉚ 同年　9月	『北勢騒動実録』	伊勢国鈴鹿郡
㉛	『明和太平記』	
㉜ 同年　9月	『旭湊俚諺明和間記』	越後国蒲原郡
㉝ 1771年(明和8)7月	『虹浜騒秘録』	肥前国松浦郡
㉞ 同年　12月	『夢物語』	飛騨国大野郡他
㉟	『飛驒夏虫記』	
㊱ 1776年(安永5)8月	『高野領民一揆始末』	紀伊国那賀郡
㊲ 1783年(天明3)1月	『雲国民乱治世記』	出雲国飯石・神門郡
㊳ 1785年(天明5)9月	『雨中之鑵子』	山城国紀伊郡伏見町
㊴ 1786年(天明6)12月	『安部野童子問』	備後国品治・芦田郡他
㊵ 1787年(天明7)12月	『渡辺土平治騒動記』	相模国津久井郡他
㊶	『土平治一代記』	
㊷ 1790年(寛政2)11月	『刈谷騒動記』	三河国碧海郡
㊸ 1795年(寛政7)11月	『奥南太平記』	陸奥国和賀・稗貫郡他
㊹ 1796年(寛政8)12月	『寛政一揆岩立茨』	伊勢国一志郡

越後高田藩			
幕領・山形藩領	村上要祐	1801 年 12 月	
幕領			
幕領			
川越藩	林八右衛門		
宮津藩			
	松井庄助		
和歌山藩			
松本藩	漢亭山人		
萩・徳山藩			
小浜藩			
幕領・挙母藩	渡辺政香		
幕領			
庄内藩	真柄小文吾		
幕領			
盛岡藩	仙龍軒南石	1853 年 12 月	
津山藩			
盛岡藩	小原重兵衛		

㊺ 1798年(寛政10)1月	『浅川騒動見聞録』	陸奥国白川・石川郡他
㊻ 1801年(享和1)6月	『羽州山形騒乱記』	出羽国村山郡
㊼ 1804年(文化1)10月	『牛久騒動女化日記』	常陸国河内・信太郡
㊽	『常久肝胆夢物語』	
㊾ 1814年(文化11)5月	『蒲原岩船両郡騒動実記』	越後国蒲原・岩船郡
㊿ 1821年(文政4)11月	『勧農教訓録』	上野国那波郡
⑤① 1822年(文政5)12月	『農民蜂起与謝話』	丹後国与謝郡
⑤②	『天橋立見聞集』	
⑤③ 1823年(文政6)5月	『南陽夢一揆』	紀伊国名草・那賀郡他
⑤④ 1825年(文政8)12月	『赤蓑談』	信濃国安曇郡
⑤⑤ 1831年(天保2)7月	『周長乱実記』	周防・長門国
⑤⑥ 1833年(天保4)11月	『天保太平記』	若狭国遠敷・大飯郡
⑤⑦ 1836年(天保7)9月	『鴨の騒立』	三河国加茂郡
⑤⑧ 同年　8月	『甲斐国騒動実録』	甲斐国八代・山梨郡他
⑤⑨ 1840年(天保11)11月	『夢の浮橋』	出羽国田川他
⑥⓪ 1842年(天保13)10月	『百足再来記』	近江国野洲・甲賀郡他
⑥① 1853年(嘉永6)5月	『遠野唐丹寝物語』	陸奥国九戸・閉伊郡
⑥② 1866年(慶応2)11月	『改正一乱記』	美作国東北条郡
⑥③ 同年　12月	『慶応二寅ノ巻』	陸奥国和賀・稗貫郡

はじめたことがわかる。

暫定的なものではあるが、表から一揆物語のだいたいの傾向をつかむことができる。

タイトルから見えること

タイトル（書名）の項目を見て欲しい。「太平記」の名を付けているものがいくつもある。上から順に見ていくと、②③⑧⑨⑩⑫⑭㉘㉛㊸(56)の一一種に『〇〇太平記』と付けられている。

ここまでにも紹介してきたが、『太平記』とは、一四世紀の動乱期を描いた全四〇巻の物語であり、文保二年（一三一八）の後醍醐天皇の即位から、応安元年（一三六八、南朝では正平二三年）の細川頼之《ほそかわよりゆき》管領就任までの半世紀を描いている。

この五〇年間の時期は戦乱に次ぐ戦乱であった。巻の一から一一までは、後醍醐天皇による倒幕計画から楠正成（楠木正成）・新田義貞の挙兵、足利尊氏の離反、鎌倉幕府の滅亡。巻の一二から二一は、建武新政の開始から行き詰まり、尊氏の離反、正成・義貞の戦死、吉野での後醍醐天皇崩御。巻の二二から四〇は、尊氏・直義兄弟の対立に起因する内乱である「観応《かんのう》の擾《じょう》乱《らん》」から、守護大名らによる果てしない戦闘が描かれている。作者についてはよくわかっておらず、一四世紀半ばに、複数の僧侶により書き継がれていって、一三七〇年ごろまでに成立したと推定されている。

一揆物語に「太平記」というタイトルを付けたということは、その作者たちが共通してこの『太平記』を意識したということを示しているといえよう。

また、『〇〇通夜物語』という書名の一揆物語も、先の表には①④の二つだけだが、しばしば見ることができる。

④『那谷寺通夜物語《なたでらつやものがたり》』は、正徳二年（一七一二）に加賀国大聖寺《だいしょうじ》藩領（現石川県加賀市）で起きた百姓一揆を物語化したものである。これは、『太平記』巻三五の章題「北野通夜物語事」に依拠したネーミングである。

「北野通夜物語」は、京都の北野天満宮に詣でた三人の人物が当代の乱世の原因について夜通し語ったものを、書き留めたというスタイルをとっている。『那谷寺通夜物語』も、「享保の末頃、年令既に五十前後の老人三人同道して、那谷講に参詣し、前夜より通夜をして互に色々《いろいろ》成咄共《なるはなしども》いたしけるに、一人の老人申けるは」云々と、那谷寺（石川県小松市那谷町に現存する真言宗の古刹）に参詣した者が語り明かしたものを書き留めたといい、明らかに『太平記』の形式を踏襲している。

『〇〇太平記』『〇〇通夜物語』と、『太平記』を意識したタイトルを付けた作者の意識に注意しておきたい。いったい、近世という時代を生きた人々にとって『太平記』とは何だったのかという疑問が湧き上がってくるのである。

さらに、一揆物語の多くは、「国民困窮発端之事」(第三章で取り上げた⑱『南筑国民騒動実録』)、「越前家系統の事　并《ならびに》卒去法号の事」(寛延二年(一七四九)に起きた姫路藩寛延一揆を題材にした⑫『播姫《ばんき》太平記《たいへいき》』)と、ほぼ同一の形式の章題を付けている。これも『太平記』の章題(たとえば「関所停止の事」、「主上御夢の事　付《つけたり》楠が事」)と似通っており、『太平記』を継承しているといえよう。

『太平記』からの引喩

第三章で紹介した二つの一揆物語のなかにも、『太平記』の逸話が引かれていた。⑧『因伯民乱太平記』では、藩主池田宗泰について、家中・領民は、宗泰が楠正成の「三徳」を備えているとして、崇敬したと叙述する。『太平記』のヒーローである楠正成のような徳を備えた藩主が登場し領内に平穏が回復されたという。このように、自分の言いたいことを、有名な文章や語句・詩歌などを引用して代弁させる修辞法を「引喩法《いんゆほう》」というが、まさに引喩として『太平記』の逸話が引かれているのである。

⑱『南筑国民騒動実録』にみえる、有馬石見が、『太平記』の忠臣村上彦四郎(義光)の逸話

を引いて、秀左衛門が「前代未聞の忠臣」であると述べたのも、引喩の手法を用いたものである。

㉒から㉗は、中山道周辺の村々に対して幕府が行った助郷《すけごう》重課に反対する強訴・打ちこわしで、明和元年（一七六四）閏一二月に武蔵・上野・下野・信濃国の広い範囲で起きた一揆である。伝馬《てんま》騒動、天狗騒動、武上騒動などと呼ばれている。

この一揆物語の一つである㉖『武上騒動記《ぶじょうそうどうき》』では、「四方《よも》に集る百姓共処々に篝火《かがりび》を焚《た》き続けたる有様、天に暉《かがや》き夥《おびただしき》敷事筆紙に及び難し、元辛《〔ママ〕》建武の世も斯《かく》やと思ふ計《ばか》り也」と、一揆勢が篝火を焚く様子を見て、元辛（正しくは元亨）建武の世、すなわち『太平記』の時代もかくやと連想している場面が描かれている。

同じく伝馬騒動を描いた㉓『伝館騒動記《でんかんそうどうき》』でも、一揆勢が群れ集まってくる様子から、やはり『太平記』の逸話を想起する。

稲麻《とうま》、竹箒《たけぼうき》〔竹葦《ちくい》〕の如く馳集《はせあつま》りたる有様は、誠に昔北条九代の末相模入道《さがみにゅうどう》奢《おごり》に長じ、無礼《ぶれい》講《こう》と号し人の心を騒がぜし折節《おりふし》、邪神時を得て山々嶽々の天狗共交り遊んで程なく天下も乱れしが、殊に伝馬と天魔と言葉近ければ、但此《ただこ》度《たび》の騒動も凡夫《ぼんぷ》の業とは見へざりしとて、

側に眉をひそむる人もありしとかや、

「相模入道」北条高時が田楽を愛玩し、闘犬に耽溺したことは、『太平記』巻五「相模入道弄田楽　并闘犬事」に描かれている。田楽の最中に天狗が集まってきて、それが天下が乱れる凶兆だとされており、『伝館騒動記』は『太平記』のこの逸話を引いて、今時の一揆がまさしく天狗騒動であると述べているのである。なお「無礼講」とは、『太平記』で後醍醐天皇が信用できない者を選別するために開いた宴会（巻一「無礼講事　付玄恵文談事」）のことである。同じ『太平記』の逸話でもあり、『伝館騒動記』の作者は北条高時の事績だと誤解したのであろう。
⑬『伊《い》信騒動記《しんそうどうき》』は、寛延二年（一七四九）の陸奥国信夫《しのぶ》・伊達郡幕府領（桑折《こおり》代官所支配）の減免強訴（寛延信達《しんだつ》一揆・伊達彦内騒動）を題材にした一揆物語である。このなかで、「天狗廻状《てんぐかいじょう》」に応じて、村々の「百姓代のもの共」が、宮代《みやしろ》村山王権現の社地に集まってきたという。

天狗廻状とは、百姓一揆への参加を呼びかける書状のうち、出所を不明にして、一揆の呼びかけ人が誰であるかわからないようにしたものである。何事であろうかと、いぶかしげに集まった百姓たちの前で、一揆の張本となる長倉《ながくら》村の彦内《ひこない》が「奇《き》体《たい》の夢」をみたとして夢見を語る。

それは、山王権現より「汝精神をはげまし徒党の頭取となり、両郡の百姓を社地に集め、誓をなし、速かに二人を成敗せよ」という託宣を受けたというものであった。成敗すべき「二人」とは、桑折代官神山三郎左衛門《かみやまさぶろうざえもん》と代官所の手代元締土屋恵助《つちやけいすけ》である。彦内の話は、「群集の領民等奇異の思ひをなし、頻《しき》りに感声して宮居を轟《とどろ》かすばかりなり」と、集まった人々に感銘を与え一揆に向けてムードは高まったという。

そして『伊信騒動記』の作者——代官所手代である堤三右衛門《つつみさんえもん》がその作者だと名乗っている——はここで、「これや元弘の昔楠兵衛《ひょうえ》正成が反逆の輩《やから》を傾《かたむ》け、天王寺の未来記《みらいき》に事よせ、謀《はかりごと》をなせしにことならず」と、楠正成の「謀」なるものを想起している。これについては次章であらためて検討しよう。

㊴『安部野童子問《あべのどうじもん》』は、天明六年（一七八六）の備後国福山藩領（現広島県福山市）の改革政治反対一揆（福山天明一揆）の一揆物語である。藩主阿部正倫《あべまさとも》が田沼意次政権下で幕府要職を歴任したこと等により藩財政が窮乏したため、勘定方に遠藤弁蔵《えんどうべんぞう》を登用し、改革政治を行わせた。連年の凶作状況で領民に年貢皆済を督促したために、全藩一揆が起きた。

この一揆物語によれば、藩主は「さしも賢知の御性質なりしも、君の下情に達せざり」と、「下情」を把握していなかったのが一揆の原因だとする。「君の威を偽りて妄《みだ》りに下民を呵責《かしゃく》」

する「佞臣《ねいしん》」が、上（藩主）と下（領民）の間に入り、藩主は、「江府（江戸）に在りて国郡の栄枯、年の凶豊、民の苦楽を知ら」なかったのだという。「佞臣」とは遠藤円蔵（物語では円蔵と表記）のことで、彼が賢臣を追い落として藩政を牛耳り、新税をかけるなどして民を苦しめたがゆえに、「上下恨を含む気已《すで》に顕然たり。是れ国民強訴擾乱《じょうらん》の端乎《はしか》」、一揆は起こるべくして起きた。遠藤円蔵の権力は、作者によれば「秦皇の李斯《りし》、我朝の足利の執事、武州の権も斯《かく》やとも諸人耳目《じもく》を驚《おどろか》せり」と、人々に、秦の李斯、足利尊氏の執事高師直《こうのもろなお》を想起させるほどであったという。

高師直とは、足利尊氏の執事（将軍の補佐役）として権力を掌握した人物で、『太平記』にそのさまが描かれている。一方の秦の李斯は、秦の始皇帝を補佐し、強大な権力を握り、焚書坑儒などを断行したが、始皇帝の没後、二世皇帝の代に趙高《ちょうこう》の讒言によって処刑された人物である（『史記』「李斯列伝」）。『太平記』でも、権勢をふるった鎌倉幕府が衰えようとしているのを喩《たと》えて、「秦の李斯が犬を牽《ひき》し恨、今に来《きたり》なんとす」（『太平記』巻一「後醍醐天皇御治世事　付武家繁昌事」）という。これは、死刑になる直前の李斯が、もう一度犬を牽いて兎を追いたかったと息子に語った言葉に由来するものである。

このように、『太平記』からの引喩が目につくが、引かれるのは『太平記』だけではない。

すでに紹介したが、⑧『因伯民乱太平記』の作者は、一揆勢が、「八人の張本」の指揮のもと、整然と行動する様子を、「天正の頃、秀吉公の発向もかくやと思ひやられて皆々恐れをなしにけり」と、話に聞く豊臣秀吉軍の進軍を想起させられるほどであったと述べている。小瀬甫庵《おぜほあん》著の『太閤記』(寛永二年〈一六二五〉自序)からの引喩であろうか。ただし、「秀吉公の発向」とのみしか述べておらず、あまりに漠然としていて、具体的にどの箇所からの引用と指摘することはできない。

軍書というジャンル

『太平記』や『太閤記』は、現在では軍記物(軍記物語)の一つに数えられる。だが、軍記物という文学ジャンルは近代になってからの呼称であって、近世では「軍書」と呼ばれた。本屋仲間の出版目録である書籍目録にも「軍書」の項目があり、軍書というジャンルが成立していたことがわかる。

軍書は、日本の近世でもっとも多くの読者を獲得するほどに人気があった。その読書案内ともいうべき『和漢軍書要覧《わかんぐんしょようらん》』が明和七年(一七七〇)に出版されて以来、版を重ねていることからも、その人気ぶりがわかる。これは大坂講談中興の祖といわれる吉田一保《よしだいっぽう》が編んだもので、

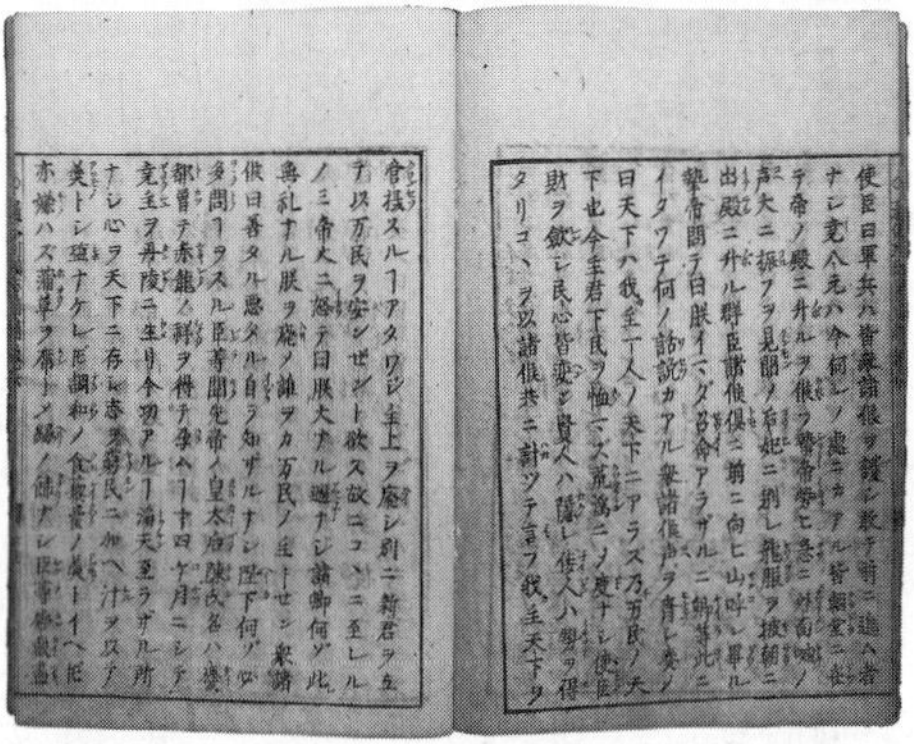

図14　『通俗列国志十二朝軍談』(若尾政希蔵)
嚳帝(こくてい)の後を継いだ長男の摯帝(してい)の悪政を批判し，弟の堯(ぎょう)に位を譲るべきだと諸侯たちが述べた場面．天下はあなた「一人の天下」ではなく，「万民の天下」である．「下民ヲ恤(めぐ)ま」ない君主を廃して，「新君を立て」「万民を安ん」ずるのだと諸侯たちは述べている．

軍書と講談は密接にかかわっていたといえよう。

『和漢軍書要覧』によれば、軍書は、大きく「和軍書」と「唐軍書」に二分される。「和軍書」には、一二〇を超える書名が挙がっている。そこには、『太平記』『平家物語』『曽我物語』『義経記』といった古典的なものにくわえて、『信長記』『太閤記』『朝鮮太平記』(秀吉の朝鮮出兵)などの、近世の直前の時期の戦争を題材にしたものも入っている。さらに、今日なら史書にジャンル分けされる『吾妻鑑《あずまかがみ》』や、軍学書(兵学書)である『甲陽軍鑑《こうようぐんかん》』も「軍書」に入れられている。

一方の「唐軍書」であるが、漢文で書かれているわけではない。漢字片仮名混じりの文体で、まさに『太平記』のように、中国の歴史を物語ったもので、一八世紀初頭に次々と出版された。

伏羲《ふっき》以来の聖人の事績を語った『通俗列国志十二朝軍談《つうぞくれっこくしじゅうにちょうぐんだん》』から、明から清への王朝交替を題材にした『通俗台湾軍談』まで、その内容は多彩である。

近世の人々は、この唐軍書により、伝説上の聖人の時代から、当代(一七世紀)までの一通りの中国史を学ぶことができた。東北の八戸在住の町医者であった安藤昌益が『通俗列国志十二朝軍談』や『通俗列国誌呉越軍談』を読んでいたように、多くの読者を獲得して流布したのである。

2　軍書とは何だったのか

なぜ軍書なのか、『太平記』なのか

前節で整理したように、百姓一揆物語は、『太平記』をはじめとする軍書の影響を大きく受けて成立していた。では、いったいなぜ、軍書だったのか。また、数ある軍書のなかで、『太平記』だったのはなぜだろうか。

この問いに対して、素朴に答えると次のようになろう。一揆物語の作り手にとって、『太平記』などの軍書は読書の対象であり、身近なものとしてあったからである、と。これにくわえ

て、作者だけでなく、読み手たちも、軍書からの引喩がわかるほどに軍書に通じていることを前提にして、一揆物語が作られていることも述べておかねばならない。

先にも述べたように、軍書は日本の近世でもっとも多くの読者を獲得したジャンルであった。軍書が読まれていたからこそ、一揆物語に軍書の影響を色濃くみることができるのである。

一七世紀――読書の時代の始まり

書物は、現代も読まれている。これまでの紙の書物にくわえて、急速に普及してきたインターネットや電子出版によるものまで、媒体は変わっても、読書は今も盛んに行われている。日本列島で読書が一般的に行われるようになったのは一七世紀であり、一七世紀から二一世紀の現代までを一括りにして、「書物の時代」、「読書の時代」と呼ぶことができるのである。

もちろん書物は、それ以前の時代にもあった。しかし、それは手書きで書写された稀少なものので、それを読むことができるのは貴族などの特定の階層の人たちだけに限られていた。こんにち、古典と呼ばれ、高校の『古典』で習う書物――たとえば『平家物語』『徒然草』『源氏物語』など――は、中世までは秘匿され、知る人ぞ知る存在であった。それが、近世に入ると本屋（書肆《しょし》・書林《しょりん》とも）によって出版され、民衆までもがそれを手に入れて読めるようになったのである。

日本近世において、どのくらいの点数の書物が出版されたのか。出版統計のある現代と違い、その正確な数をとらえることは難しい。橋口侯之介《はしぐちこうのすけ》は、国文学研究資料館の「日本古典籍総合目録」（ＷＥＢ版）を使って、この目録に収載された書物の出版年（あるいは成立年）を一つ一つ数え、それぞれの年にどれくらいの書物が成立したのかを検討している（同氏によるＷＥＢページ）。

それによれば、一六七〇年代後半には二〇〇点を超え、一七四〇年代半ばには四〇〇点、一七七〇年代には六〇〇点、一八〇〇年頃には八〇〇点を超えている。さらに一八五〇年代には一〇〇〇点を超えた年も出てくるという。年に八万点前後の新刊書籍が出版されている現代と比べることはできないが、日本近世の出版文化の盛行、「商業出版の時代」の到来をうかがうことができる。

また、一七世紀前半までは、ほとんどが京都の本屋による出版であったが、一七世紀半ば以降、大坂や江戸の本屋による出版が増え、一八世紀末には名古屋や仙台といった三都以外の本屋による地方出版も増え、さらに日本各地に書物を販売する本屋が形成されたのである。

出版物と写本が並存した時代

「商業出版の時代」に入ったというと、すべての書物が出版されたものだと思いがちである。しかしながら、実は、近世社会には写本も大量に流通していた。

写本には、知人や貸本屋、あるいは旅先の宿屋で借りた版本（印刷された書物を版本、刊本という）を丁寧に書き写したもの（これを刊写本という）がある。だが、それとは別に、出版されなかった、あるいは出版できなかった書物が写本のままで出回った。その理由としては、出版費用を工面できなかったということもあったであろうが、そうした経済的事情とは別に、幕府の出版統制により出版できなかった書物も多かったと推定される。というのは、軍書は幕府による出版統制の対象となっていたからである。

寛永二一年（一六四四）に、京都の本屋から刊行された『東照大権現記』が絶版・売買禁止に処せられた（『京都町触集成』別巻二）のが、幕府による出版統制の嚆矢《こうし》とされている。この『東照大権現記』の原物は現存していないが、書名から、明らかに徳川家康の一代を描いた軍書である。

幕府は、明暦三年（一六五七）に、「和本の軍書」を新たに出版するときには版元を書き付けて許可を得てからにせよという町触《まちぶれ》を京都で出している。先にも見たように、軍書は、もっとも多くの読者を獲得した人気のあるジャンルであるだけに、幕府はその統制に意を払ったのであり、発禁本の第一は実は軍書なのである。

出版できなかった書物は、写本として、書写されながら流通していく。たとえば、慶安四年（一六五一）の由井正雪《ゆいしょうせつ》らの倒幕未遂事件を物語化した『慶安太平記《けいあんたいへいき》』（異本に『油井根元記《ゆいこんげんき》』）は、さすがに出版されていない。しかしながら、今日、全国を歩くとどこにでも見かけることができる。上層農民の蔵書中に、この書物を見つけることはそれほど困難なことではない。

図15 『慶安太平記』(若尾政希蔵)
印にある「遠州屋富蔵」とは貸本屋であろうか．現存する多くの『慶安太平記』の写本は汚れていて，読み込まれたことがわかる．

近世の人々は、写本を通じて、幕府に弓引こうとした慶安事件の顚末《てんまつ》を知っていたといえるのである。版本に比べて、写本が持つ影響力は少ないように思いがちだが、写してまで読みたいと思わせるような写本は、時代のなかで大きな意味を持っていたのである。第二章で紹介した『白岩目安』の地域的な広がりを、もう一度思い起こしていただきたい。

どの程度の写本が近世社会に流通したかについては、版本以上に、概数の把握が困難である。前述の橋口によれば、版本一四万二〇七二点に対して、写本八万三一一点であり、写本の割合は三六・一%だという。これによれば、実に三分の一を写本が占めており、日本の近世は「写本の時代」でもあることがよくわかる。

なお、橋口によれば、版本のうち、本屋が出版にかかわっていない私家版が半分を占めるということで、近世の書物のなかで本屋が出版した書物(町版という)が三分の一、私家版が三分の一、写本が三分の一となる。近世の書物についてのイメージを作るときの、一つの目安として有益であろう。

新たな軍書としての一揆物語

近世初期に『太平記』などの軍書が刊行され、その影響下で多くの軍書が出版され、また出版できない写本軍書が書写され流布していった。こうした状況で、一揆を見聞きした者が、軍書の叙述スタイルを借りて作り出した歴史叙述が、一揆物語だった。その意味で、一揆物語は新たに作られた軍書ともいえるのである。

こうして、一揆物語が『太平記』などの軍書の系譜を引いていることが明らかとなった。しかしながら、一揆物語と『太平記』との間には、なお距離があるように思われる。端的にいうと、『太平記』を読んでいれば、一揆物語を作ることができるのかという疑問が湧いてくる。

一つ例を挙げよう。先に見たように、鳥取藩の百姓一揆を物語化した⑧『因伯民乱太平記』はその末尾で、家中・領民は、池田宗泰が楠正成の「三徳」を備えているとして崇敬したと語っていた。実際に『太平記』巻一六を見ると、湊川《みなとがわ》合戦で敗北し切腹して果てた正成を描写したあと、『太平記』の作者は、正成ほど「智仁勇の三徳」を兼ね備えた人物はいないと述べている。このように『太平記』の作者がもっとも高く評価しているのが楠正成であり、その賛辞を借りて新藩主を評価しているようにみえる。

ところが、『太平記』の正成評をじっくりと読むと、足利尊氏が反旗を翻して以後、「仁を知らぬ者は朝恩を捨《すて》て敵に属《しょく》し、勇《いさみ》なき者は苟《いやしく》も死を免《まぬが》れんとて刑戮《けいりく》にあひ、智なき者は時の変を弁ぜずして道に違《たが》ふ事のみ有りし」という状態であった。こうしたなかで、「智仁勇の三徳を兼《かね》て死を善道に守るは、古《いにし》へより今に至る迄、正成程の者は未《いま》だ無かりつるに、兄弟共に自害しけるこそ、聖主再び国を失《うしなひ》て、逆臣邪《ぎゃくしんよこしま》に威を振ふべき、其前表《そのぜんぴょう》のしるしなれ」と絶賛している。ここでいう三徳とは、後醍醐天皇にあくまでも忠誠を貫いた武将としての正成を賞賛した言葉である。

これに対して『因伯民乱太平記』では、家臣・領民を「恐れ入」り「敬」わせるほどに適正な裁決を行い、「太平」に国を治める政治的能力を指して、三徳兼備と言っている。もともとの『太平記』と『因伯民乱太平記』とでは、三徳の意味が異なっているのである。

もう一つ、⑬『伊信騒動記』を挙げよう。彦内が、夢のなかで山王権現より託宣を受けたと語って人々に感銘を与え、一揆に向けてムードが高まったことはすでに触れた。『伊信騒動記』の作者は、ここで、「これや元弘の昔楠兵衛正成が反逆の輩を傾ん為、天王寺の未来記に事よせ、謀をなせしにことならず」と、楠正成の「謀」を想起している。確かに『太平記』巻六には、正成が天王寺で『未来記』なる書物を閲覧し、その一文から幕府の滅亡をはじめとして天下の行く末を予言したという逸話はある。しかしながら、それを正成の「謀」とする話は見えない。

『太平記』に見えないとすれば、『伊信騒動記』の作者は何に拠っているのであろうか。実は、一七世紀初頭に世に出た『太平記《たいへいき》評判秘伝理尽鈔《ひょうばんひでんりじんしょう》』という書物に見える楠正成は、家臣・領民に公平かつ厳格な賞罰を施し、家臣・領民の心を掌握する卓越した政治的能力の持ち主であった。また、人々の心を奮い立たせたり、心を通じていない者をも味方に引き入れるために、「謀」や「方便《ほうべん》」を使って人心を操縦する卓越した軍事的能力の持ち主であった。

すなわち、『太平記』のヒーローである楠正成は、近世の初めに読みかえられていたのであり、その新たな正成像に依拠して、一揆物語が作成されたのである。では、『太平記評判秘伝理尽鈔』とはどのようなものであろうか。次章で考えてみたい。

第五章 『太平記評判秘伝理尽鈔』がひらいた世界

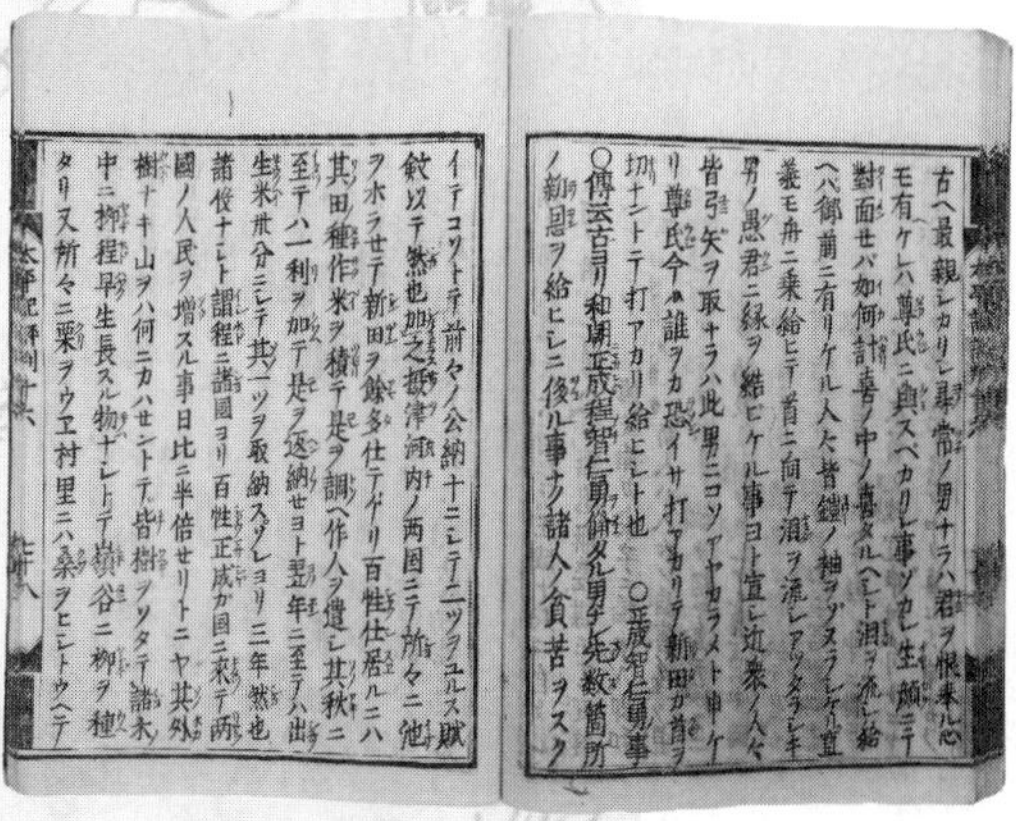

古ヘ最親レカリレ尊氏ノ男ナラハ君ヲ恨来ル心
モ有ケレハ尊氏ニ與スヘカリレ事ソカレ生願ニテ
對面セバ如何許嬉ノ中ノ嬉タルヘレト泪ヲ流レ給
ヘハ御前ニ有リケル人大皆鎧ノ袖ヲヌラレケル宜
義モ舟ニ乗給ヒテ首ニ向テ泪ヲ流レアツタラレキ
男ノ愚君ニ縁ヲ結ヒケル事ヨト宣レ近来ノ人々
皆弓矢ヲ取ナラハ此男ニコソアヤカラメト申ケ
リ尊氏今ハ誰ヲカ恐イサ打アカリテ新田カ首ヲ
切ナントテ打アカリ給ヒレト也　○正成智仁勇事
○傳云古ヨリ和朝正成程智仁勇備タル男ナシ先數箇所
ノ新恩ヲ給ヒレニ後ル事ナク諸人ノ貧苦ヲスク

イテコツトテ前々ノ公納十ニレテニツヲユルス賦
斂以テ煞也加之摂津河内ノ両国ニテ所々ニ池
ヲホラセテ新田ヲ餘多仕テケリ百性仕居ルニハ
其田種作米ヲ積テ是ヲ調ヘ作人ヲ遣レ其秋ニ
至テハ一利ヲ加テ是ヲ返納セヨト翌年ニ至テハ出
生米卅分ニレテ其一ツヲ取納スソレヨリ三年煞也
諸役ナニレト謂程ニ諸国ヨリ百性正成カ国ニ来テ両
國ノ人民ヲ増スル事日比ニ半倍セリトニヤ其外
樹ナキ山ヲハ何ニカハセントテ皆樹ヲツタテ諸木
中ニ柳程早生長スル物ナレトテ嶺谷ニ柳ヲ種
タリ又所々ニ栗ヲウヱ村里ニハ桑ヲヒニレトウヘテ

『太平記評判秘伝理尽鈔』(若尾政希蔵)

1　『太平記評判秘伝理尽鈔』はどのように広がったか

乱世から太平の世へ――楠正成像と「天道委任論」

『太平記評判秘伝理尽鈔』（以下、『理尽鈔』）とは、『太平記』の各章段について、「評云」（評に云う）あるいは「伝云」（伝に云う）として、コメントや逸話を書き込んだものである。内容は、『太平記』の登場人物が行う合戦や政治についての論評である。たとえば足利尊氏の無能ぶりを暴露する一方で、後醍醐天皇の失政をもあげつらっており、その批判は手厳しい。また、『太平記』には書いていないが、実はそのとき正成はこうやって事態を打開したのだ……というような裏話も満載されている。

『理尽鈔』は、後述するように一七世紀半ばには出版されるが、それ以前には、口頭での講釈により享受された。最初の講釈者であり作成者と推定される日蓮宗僧侶大運院陽翁《だいうんいんようおう》（一五六〇?―一六二二?）は、唐津藩主寺沢広高《てらさわひろたか》（一五六三―一六三三）、姫路藩主池田輝政《いけだてるまさ》（一五六四―一六一三）らに講釈し、晩年は金沢藩の前田利常《まえだとしつね》（一五九四―一六五八）に招聘され、同地で没したと伝えられている。いったい、大名たちは、何を求めて講釈を聞いたのであろうか。

注目したいのは、『理尽鈔』の中で、『太平記』とは異なる新たな楠正成像が提起されたことである。第四章にもみたように、『太平記』では、正成が後醍醐天皇に忠誠を貫いたことを賞賛して、智仁勇の「三徳」を兼備していると評する。

それに対し『理尽鈔』は、「古《いにしえ》ヨリ和朝ニ正成程ノ智仁勇ヲ備タル男ナシ。先《まず》数箇所ノ新恩ヲ給《たま》ヒシニ侈《おご》ル事ナク、諸人ノ貧苦ヲスクイテコソトテ」云々と、まったく新しい正成像を提示している。すなわち、正成は農政にたけた領主であって、次々と農業政策を行っていく。減税をし、ため池を掘り用水を整備、新田の開発、種籾《たねもみ》の貸与、諸役の免除、さらに空き地に柳・栗・桑の植樹まで行った。「諸人の貧苦を救う」仁政を標榜する正成の施策は、百姓に支持され大成功を収めたという。

もちろん『理尽鈔』の正成は、武略という面でも卓越した智謀をもつ「良将」として描かれているが、たんなる軍略家ではない。さらに領民に仁政を施してその信服を得、家臣の信頼も得て彼らを自由に使いこなす、卓越した政治能力をもつ理想的治者＝「明君《めいくん》」（名君）であった。

『理尽鈔』は「奥書」で「太平記之評判者《は》、武略之要術、治国之道也」と述べ、講釈の主題が武略（軍事）と治国（政治）にあると述べているが、正成は、まさにこの双方を教諭する役目を担わされているのである。

乱世をいかに太平の世に変えていくのか、その方策として軍事的・政治的能力が必要であり、そのあり方を教えてくれるものとして、『理尽鈔』講釈があったといえるのである。

『理尽鈔』の政治論をいくつか挙げてみよう。まず、①領主は、天道(天)から政権を委任された存在であり、民を安らかに治めることが領主の責務である。②領主は、僧侶を民衆への教化・教導役に編成して政治に利用すべきである。③時代に相応した政治と支配の仕組みを導入する必要があり、末世である当代においては賞罰を厳格にし、かつ評定制を導入せよ、と述べている。

ここでとりわけ注目しておきたいのは、民に仁政を施すことを領主の責務としているのだが、それを「天道」からの要請だと説いているところである。政権を委任する天道が、領主に仁政を義務づけているのである。

領主層はなぜ『理尽鈔』講釈を求めたか

陽翁が『理尽鈔』講釈を開始したのは、遅くとも慶長年間、一六〇〇年代かと推定される。その時期は戦国の世から太平な世への変わり目であり、武士たちもそれに対応した変化を余儀なくされた。家臣・領民との軋轢を起こすことなく人心をうまく掌握し、領内を統治する政治能力が求められるようになった。

『理尽鈔』に見られる新たな正成像の提起は、この時期にあるべき武士像・領主像が転換したことを象徴的に示しているのではないか。大名たちが『理尽鈔』講釈にひきつけられた要因の一つは、この点にあったと推定されるのである。

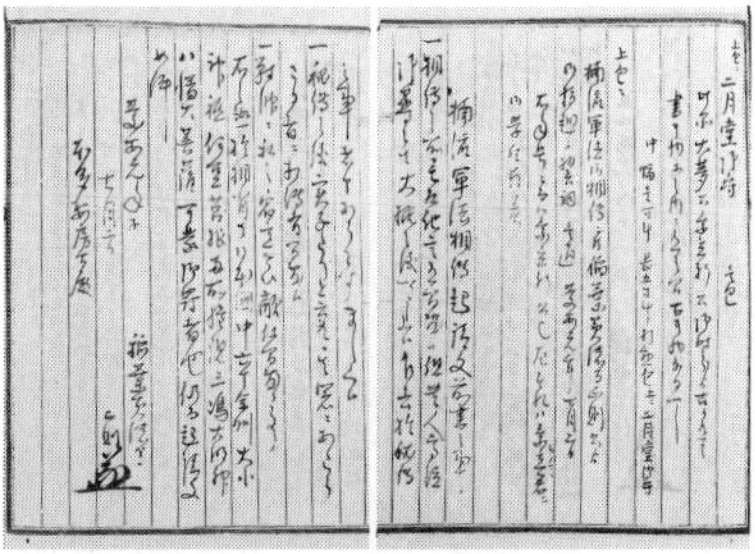

図16 「楠流軍法相伝起請文前書之事」(『本多氏古文書等』巻二所収，金沢市立玉川図書館近世史料館加越能文庫蔵)
稲葉正則が本多政重に宛てたもの．政重の家臣で『理尽鈔』の講釈者となっていた大橋全可から講釈を受けたのであろう．

『理尽鈔』講釈には、厳格な方式がとられていた。陽翁やその弟子が行う講釈をくり返し受講した上で初めて、免許皆伝の証《あかし》に『理尽鈔』の書写を許されるというものであった。その広がりについてはまだわかっていないことが多いが、先に挙げた寺沢広高や前田利常、池田輝政のほか、利常の子光高《みつたか》や輝政の孫光政《みつまさ》(岡山藩主)、さらには前田家重臣の本多《ほんだ》政《まさ》重《しげ》、幕閣の板倉重宗《いたくらしげむね》・稲葉正則《いなばまさのり》らが『理尽鈔』講釈を受けたことがわかっている。

注目されるのは、金沢藩・岡山藩の藩政が、研究史上、寛永末年の全国的飢饉を契機とした支配体制の危機を打開するための「初期藩制改革」の典型として挙げられてきたことである。第一章でも述べたように、初期藩政改革のなかで、その基調として「仁政イデオロギー」が形成されたと位置づけられてきた。両藩がともに『理尽鈔』講釈の専門家を抱えていたことは決して偶然ではなかろう。仁政イデオロギーの背後に、『理尽鈔』により明君にまつりあげられた正成の姿を確かに見いだすことができるのである。

図17　本多政重像（加賀本多博物館蔵）
徳川家康の腹心本多正信（『本佐録』の作者に擬せられている）の次男．加賀前田家に仕え，5万石の家老．

なお、この段階での『理尽鈔』受容にかかわって、旧大名家の蔵書中に、陽翁が寺沢広高に伝授した旨を記す証文を付けた寺沢本『理尽鈔』の写本が現存していることが注目される。たとえば、幕府老中・大老を務めた酒井忠勝《さかいただかつ》（一五八七―一六六二）の小浜《おばま》藩酒井家、藩政確立に尽力し、また蔵書家としても著名な松平忠房《まつだいらただふさ》（一六一九―一七〇〇）の島原藩松平家など、いくつもの大名家に寺沢本の写本が収められているのである。

講釈を受けられなくても、それを享受したいと考えた大名たちが、伝《つて》を頼って書写させてもらい、蔵書としたのであろう。当時、『理尽鈔』は「秘伝」であり、その教えを享受できたのは、領主層であり、そのなかでもほんの一握りの人たちに限られていたのである。

「秘伝」から商業出版へ

こうして、一七世紀半ばまでの『理尽鈔』講釈は、あくまでも「秘伝」であり、その写本も階層を超えて広がりをもつものではなかった。しかし、一七世紀に日本史上はじめて登場した出版業者の手に『理尽鈔』がわたり、一七世紀半ばに出版されたことにより、状況は一変する。

上述の寺沢本が底本となり、広高への伝授証文を付けたまま出版された。書肆名や刊行年の記載はないが、一緒に伝来することが多い『恩地左近太郎聞書《おんちさこんたろうききがき》』という、楠正成の政治論を一冊にコンパクトにまとめた書物には、正保二年（一六四五）の刊記がある。また後光明《ごこうみょう》天皇が正保四年に『理尽鈔』を禁裏《きんり》文庫へ納めさせたこと（『時庸卿記《ときつねきょうき》』正保四年二月七日条）から、この時までには、『理尽鈔』は出版されていたことがわかる。

新たに成立した出版メディアを介して、その享受層は、「都鄙貴賤《とひきせん》此ノ書ヲ信ジ、世挙《こぞっ》テ好

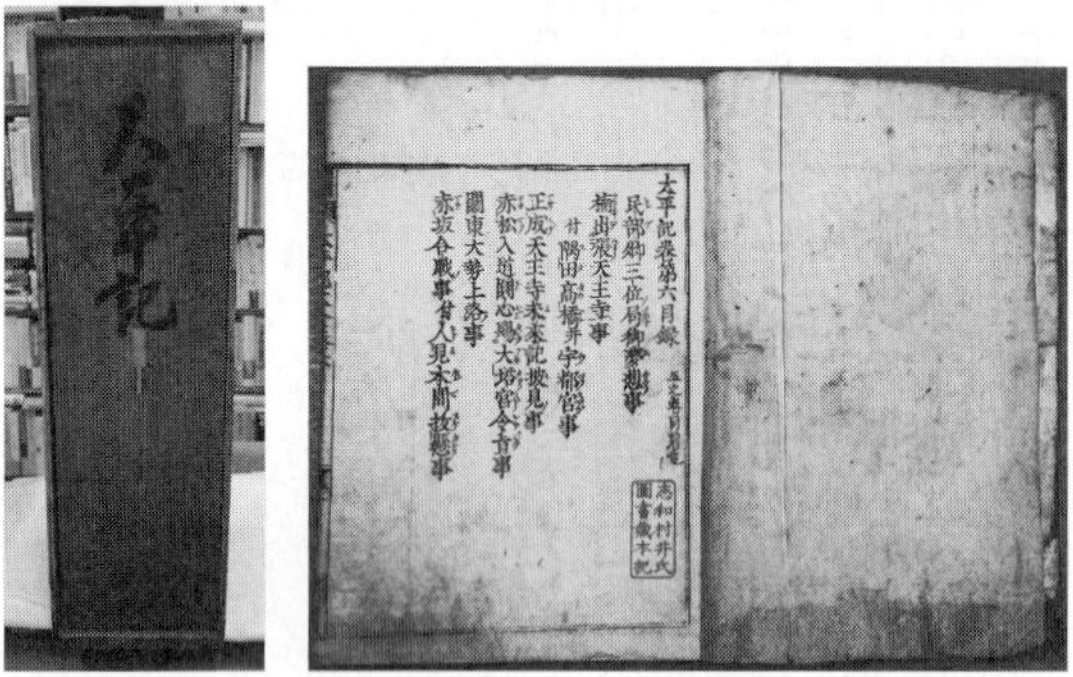

図18　『太平記大全』(若尾政希蔵)
(左)本箱には「大平記」と墨書きされているが，実際には『太平記大全』が入っていた．
(右)各巻の頭首に「志和村井氏図書蔵本記」の朱印が押され，八戸藩が代官所を置いて治めた志和(しわ)(現岩手県紫波郡紫波町)在住の村井家(近江商人，酒造業等で栄えた)の旧蔵書である．

ミ用ル故ニ、又事ヲ好ム者大全《たいぜん》綱目《こうもく》ナンド、名付ケ、此書ニ大部ノ末書《まっしょ》ヲ重《かさ》ネ」(小林正甫『重編応仁記』「発題」)と、地域・身分を問わずいっきょに拡大した。『理尽鈔』自体も四〇巻四四冊であるが、さらに分量の多い『太平記大全』『太平記綱目』をはじめ、多くの関連書が出版された。

このうち『太平記大全』は、万治二年(一六五九)刊行の奥付をもつ五〇冊もの大部の書物である。『理尽鈔』になかった『太平記』の本文を収載するとともに、『太平記』中に出てくる語句の注釈書である『太平記鈔』を収録。陽翁の弟子で『理尽鈔』の講釈者となった大橋全可《おおはしぜんか》(本多政重家の家臣)が編んだ『太平記理尽図《ず》経《けい》』(明暦二年

〔一六五六〕刊行）も収録している。ちなみに、安藤昌益は、八戸町で町医者をしていたときに、読書ノート『博聞抜粋』を付けるほどに『太平記大全』を熱心に読み込んでいた。この読書体験は昌益の思想形成に大きな影響を与えることになった。

正成ブームと太平記読み

一七世紀前半には、読み聞かせという口誦による知（知識・知恵）、いわばオーラルなメディア（情報媒体）による知であった『理尽鈔』講釈が、一七世紀後半には書物による知、出版メディアによる知へと大きく変質した。その享受層も、前者では口誦の場を共有することができた人々、よって特権的な階層の人々を対象としたのに対し、後者は、地域・身分を超えた広い層に受容されていった。さらにダイジェスト版とでもいうべき『理尽鈔』もの、『太平記』もの、正成ものの書物が次々と出版された。

その影響下で、大道芸人（ストリートパフォーマー）の太平記読みが登場し、大坂や江戸・京都等で町（辻）講釈が盛んに行われるようになる。現代の講釈師がしばしば、「えー、講談は太平記読みから始まれりと申しまして」などと語るように、太平記読みは、講談という芸能の一つの源流とされている。

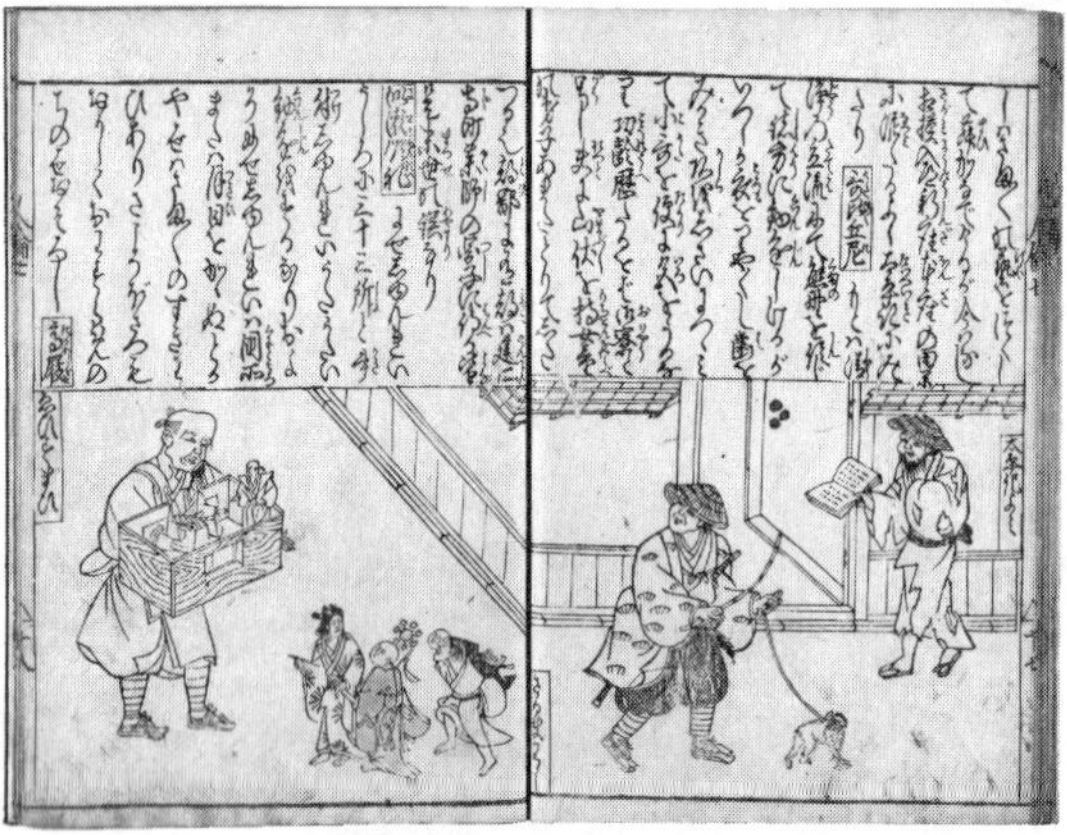

図19　『人倫訓蒙図彙』より（国立国会図書館蔵）
右から，太平記読み，猿回し，恵比須舞《えびすまい》．

『太平記』を読めば糊口《ここう》を凌《しの》ぐことができるということで、芸を持たないものも参画したようで、元禄三年（一六九〇）刊行の職業百科事典『人倫訓蒙図彙《じんりんきんもうずい》』には、破れ服を着た、非常に零落した姿の太平記読みが描かれ、「近世よりはじまれり。太平記よみての物もらひ」とされている。もちろん、芸にすぐれ、町での興行だけでなく城に招かれて殿様の前で講釈した太平記読みもいたのであるが、その一方で、芸がともなわない物乞い同様の者もいたのである。

歌舞伎・浄瑠璃にも

『理尽鈔』は、さらには歌舞伎・浄瑠璃にも影響を与えた。そのもっとも有名な作品に、赤穂浪士の討ち入り事件を劇化した義士劇『仮名《かな》

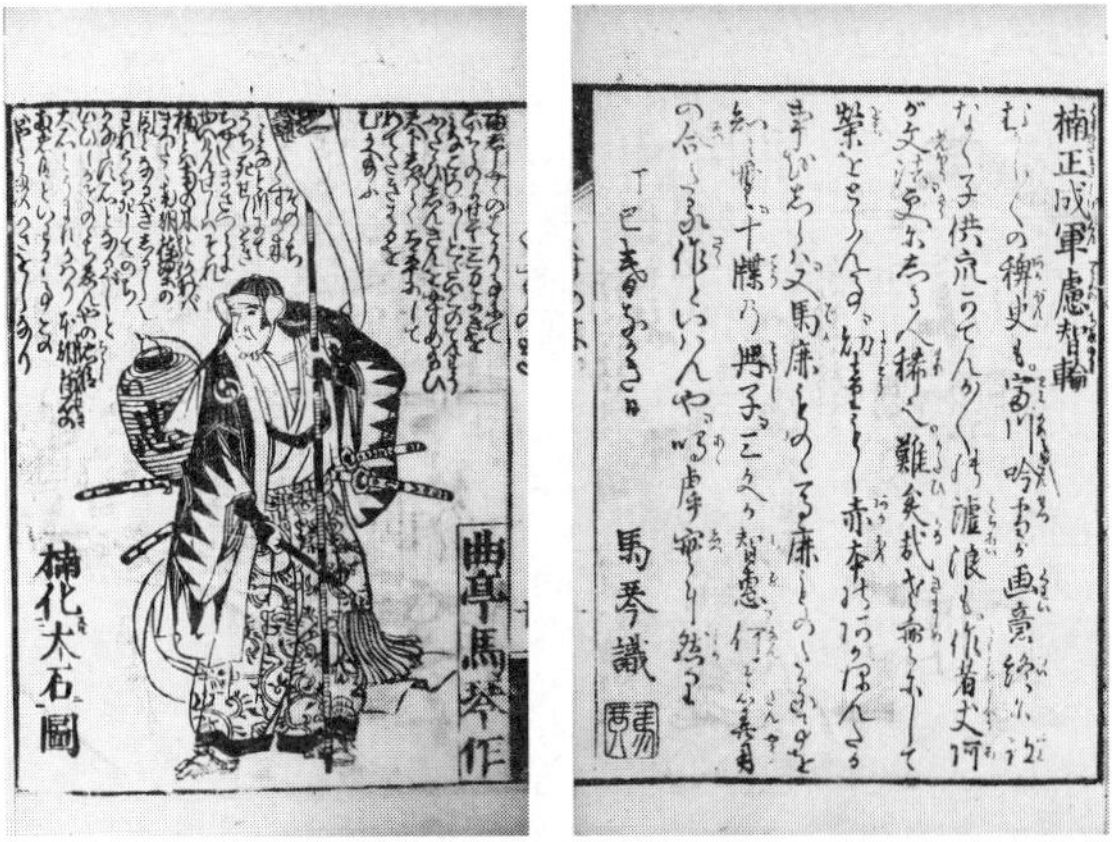

図 20　曲亭馬琴『楠正成軍慮智輪』(若尾政希蔵)
赤穂義士もので，大石が楠正成の再来として描かれている．

手本忠臣蔵《でほんちゅうしんぐら》』（竹田《たけだ》出雲《いずも》・三好《みよし》松洛《しょうらく》・並木《なみき》宗輔《そうすけ》作、寛延元年（一七四八）初演）がある。これは、『太平記』中の、尊氏の執事高師直（＝吉良上野介）により理不尽にも滅ぼされた塩冶《えんや》判官《ほうがん》（＝浅野内匠頭）の物語――〈高－塩冶〉もの――を借りて、そこに塩冶の家老大星《おおぼし》由良之助《ゆらのすけ》（＝大石内蔵助）の仇討ちというストーリーを入れ込んだものである。

実はこの義士劇が作られる前に、すでに〈高－塩冶〉ものの作品群が作られ上演されていた。そこでの師直は、もともとの『太平記』の師直ではなく、『理尽鈔』において、その貪欲さと好色さを増幅して描かれた師直であった。赤穂義士劇は、『理尽鈔』の強い影響下で〈高－塩冶〉ものが流行していたからこそ、初めて成立したといえるのである。

『河内屋可正旧記』を読む

ところで、本来武士層を対象としていた『理尽鈔』が、商業出版という新たなメディアの台頭があったにせよ、なぜ地域・身分を超えてもてはやされたのか。『理尽鈔』の眼目とする政治や軍事の論は、民衆にとって、どのような意味があったのであろうか。

河内屋可正《かわちやかしょう》(一六三六―一七一三)は、河内国石川郡大ヶ塚《だいつか》村(現大阪府南河内郡河南町)の上層農民で、酒造業をも兼ねた商人でもあった。可正は、自分の家を次代につなげたい、永続させたいという願いをこめて、自身が見聞してきた大ヶ塚および周辺の家の繁栄と没落の諸相を描いた『河内屋可正旧記』を書き残した。これは、上層民衆の手になる、家・地域の歴史叙述として位置づけることができる。

この『可正旧記』から、可正がどのような書物を読んだのか、読書からどのような知を得ているのか、その読書歴を読みとることができる。可正は『理尽鈔』の関連書(前述の『太平記大全』『太平記綱目』等)を読んで、それを同書に引用・利用していた。

『可正旧記』は、これまで民衆思想史研究において取り上げられてきたが、安丸良夫はこれを「石門心学成立の背景をもっともよく理解させる史料」と位置づけていた（『日本の近代化と民衆思想』）。安丸によれば、同書の「「家」の没落についての危機意識がよびおこす思想形成の方向」が、石田梅岩《いしだばいがん》（一六八五―一七四四）の心学と「おどろくほど類似」しており、可正の立場を「より徹底して一貫性と原理性を獲得すれば、梅岩の立場となるように思われる」と述べる。具体的には、可正が「天狗、ばけ物、生霊、死霊、地獄、極楽など」を「心の妄乱」と見なしたことを挙げて、「「心」の哲学をおしすすめてすべての呪術を否定」する姿勢は、「梅岩、尊徳、幽学などの重要な主張の一つ」でもあったとし、梅岩らの唯心論的通俗道徳形成の先駆《せんく》として可正を位置づけている。

ところが、安丸が近世における呪術否定として高く評価したこの箇所は、実は、安藤掃雲軒《あんどうそううんけん》の『南木武経《なんぼくぶけい》』という書物の一節を引用・利用したものである。

安藤掃雲軒とは何者か

安藤掃雲軒は、『南木武経』（天和元年〈一六八一〉刊行）のほか、『南木惣要《なんぼくそうよう》』（元禄一二年〈一六九九〉刊行）や『南木軍鑑《なんぼくぐんかん》』（写本）を著した人物である。「南木」とは「南」に「木」で「楠」、つまり楠正成のことである。『理尽鈔』が盛んにもてはやされるなかで、楠正成の流れを汲むと称する軍学者（兵学者とも）が数多く現れ、彼らが「南木〇〇」というタイトルの軍書を次々と作成した。

右の三書のうち、『南木軍鑑』だけが刊行されず、稿本が一つだけ伝わり、国立国会図書館に所蔵されている。それをみると、『太平記』『理尽鈔』から正成関係の記事を抜粋した書物で、福井藩主松平光通《まつだいらみつみち》（一六三六―一六七四、徳川家康の次男である結城《ゆうき》秀康《ひでやす》の孫）の命で掃雲軒が編纂したものである。掃雲軒も、『理尽鈔』を読んで、その影響下で軍書を作成した軍学者の一人なのである。

高松藩主松平家（御三家の一つ、水戸藩の支系）に伝わる『南木惣要』の稿本（香川県立ミュージアム所蔵）の序や跋によれば、掃雲軒は、元禄四年（一六九一）に六六歳だというから、その生年は寛永三年（一六二六）だと推定される。讃岐国の生まれで、父は武士であったが、一五歳で江戸に出たという。ちょうど寛永一七年（一六四〇）に、高松藩主であった生駒氏が御家騒動により改易されており、おそらくこの時に浪人になったのであろう。

その後、掃雲軒は奥州に下って白河藩主本多家に仕えたが、九年にして白河を去って江戸に戻ってきたという。さらにその後、松平光通に仕えて「書記の史」となり、主命により『南木軍鑑』を書きあらわしたという。実際、光通は、万治三年（一六六〇）に新田義貞戦没地の記念碑を灯明寺畷《とうみょうじなわて》(現福井県福井市新田塚町)に建て、寛文八年(一六六八)には平泉寺(白山平泉寺《はくさんへいせんじ》、現福井県勝山市の白山神社)境内の、楠正成の墓塔を整備している。

ところが、掃雲軒は、「居ること十年」にして、光通のもとを辞する。その後、伊勢国に行くもその国の「大守」(津藩藤堂家であろうか)に用いられず、生国讃岐に帰り、高松藩の「国子君」の「賓師《ひんし》」(客分として待遇された師)となったという。当時の高松藩主は松平頼重《まつだいらよりしげ》であるから、その「国子君」とは後嗣の松平頼常《よりつね》(徳川光圀《みつくに》の子)であろうか。頼常が藩主になるのは延宝元年(一六七三)であるので、掃雲軒が頼常の賓師となるのはそれ以前ということになる。

しかし、掃雲軒は「又十年」にして高松松平家を辞し京都に出、『南木武経』を執筆したという。ちなみに『南木武経』の自序には、延宝九年(天和元年〈一六八一〉)五月の年記がある(この年、掃雲軒は五六歳)。その後、京都で月海居士と名乗り、元禄二年(一六八九)に『南木惣要』を著したという。晩年、老いて故郷讃岐に帰った掃雲軒は、この本を藩主家に上

図21　白山平泉寺境内の楠正成墓塔(若尾政希撮影)　なお，ここは平泉澄の生家であり，平泉は戦後宮司を務めた．

呈している。

軍書を携えし者たち

以上、掃雲軒の証言にもとづいて、彼の経歴を挙げた。掃雲軒の人生は、楠正成の軍学を講じ、軍書を作り、携えて、理解してくれる主君を求め、生涯を通じて大名家を渡り歩いたということになる。

実は一七世紀の諸大名の史料を見ていると、日本の各地に、数え切れないほど多くの、掃雲軒のような軍書を携えし者たちの姿を見ることができる。たいていは武士出身の浪人学者である。掃雲軒の場合は、『理尽鈔』にもとづいて楠正成の流れを汲む軍学を講じたのだが、まさに当該期は、武田信玄流(甲州流)であるとか、上杉謙信流(越後流)だとか、さまざまな軍学諸流派が作られた時代であった。甲州流の聖典とでもいうべき『甲陽軍鑑《こうようぐんかん》』が作られ出版されるのもこの時期である。

軍学者たちが、「○○流」の看板を背負って、その有用性を競って、仕官を求めて争っていたのであり、彼らによって多くの軍書が作られたのである。前章で近世日本における軍書ジャンルの流行について述べたが、大名家に由来する文庫には、必ずと言っていいほど、一六―一七世紀初頭の戦争を叙述した軍書（研究史上、「近世初期実録物《じつろくもの》」と呼ばれている）が入っている。それらは、こうした軍書を携えし者たちが作ったものだと推定されるのである。

『南木武経』のなかで掃雲軒は、「天地の間に有物《あるもの》は」、「皆理《みなことわり》あり。此理を知る者は疑惑《うたがいまど》はず、心中安楽なり」と述べる。ところが「愚者は〔理を〕知らざる故に疑まどひて心中安からず」。地獄・極楽、天狗・化狐、生霊・死霊・幽霊、化物に惑わされる。これは、「己が心の妄乱に依て、無き者目に見」えるからだという。掃雲軒は、国・天下を治めるべき者には、万法の理を明らかにし、呪術的なものに囚われない自己形成が必要だと述べていくのである。

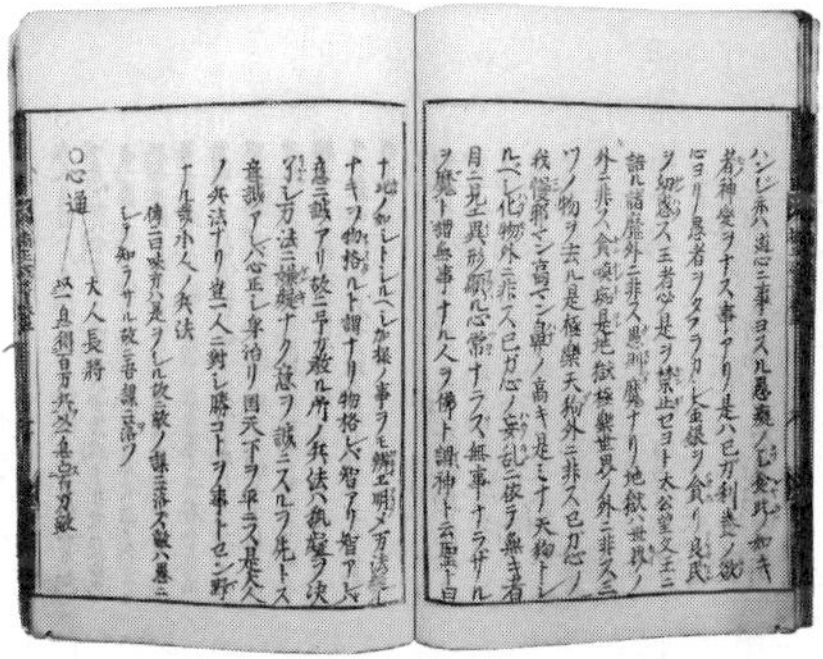
図22　安藤掃雲軒『南木武経』（若尾政希蔵）

　しかしここで面白いのは、その一方で彼が、地獄、天狗、幽霊といった呪術的なものの効用を否定していないことである。「良将の神変奇怪をなすは」、「敵を降伏」させ、「利《り》世安民《せいあんみん》の為《た》め」だとも『南木武経』で述べている。「利世安民」とは、世のため、人心を安定させるためという意味である。これは、下民がそれらを信じているのであれば、むしろ「下民に道を教えるための謀」として利用せよと説いていた『理尽鈔』の見解を、踏襲したものである。

可正に話を戻せば、呪術を「悪敵を降伏し、安民の為」に活用するのが楠正成の軍学だと論じる掃雲軒の主張を、可正は『可止旧記』のなかにそのまま引用し、受けいれているのである。

2 読者は『理尽鈔』に何を求めたのか
――自己形成・政治常識・歴史叙述――

民衆にとっての『理尽鈔』――仁政から修身・斉家へ

可正は『理尽鈔』の正成像を受容していたのであるが、「我等ごときの庶人」と自称する可正にとって、その教えとは何であったのか。先に述べた『理尽鈔』における政治論のポイントが、どう読みかえられているかを検討していこう。

領主でありながら「民を憐み恩《めぐ》む」こともなく、「下々のくるしむ事もかへり見ざる人は、天下を取ては天下を失ひ、国を取ては国をうしなひ給〔ふ〕」という、『理尽鈔』における正成の仁政論を引いた上で、可正は続けて次のようにいう。

爰元《ここもと》の者共能《よく》きけ、縦《たとい》一旦小家をとゝのへたり共、あしく心得なば、子孫栄久と云事は千に一ツもなき事じやぞ。

皆よく聞け、たとえひとまず家が整ったとしても、心得が悪ければ、子々孫々までの繁栄などありえないんだ。「子孫長久其家《そのいえ》繁昌と云事は、仁者にかぎれりと見えたり」と断言する。可正は、民を憐れみ恵むという領主の政治的徳目を敷衍《ふえん》し、「庶人」が家を治める——これを「斉家《せいか》」という——ときの拠り所としているのである。

また、貧しくて他人を憐れみ恵む余裕のない者も、「人のさはりとならぬやうに、人の為によろしきやうにと常に思はゞ、是即仁義道也」と、貧しい者にも身相応の仁義の道を実践できると説く。さらに可正は、商家の者たちも「智仁勇の三ツか〔欠〕けてハ、其家長久には有間敷《あるまじき》とぞ覚《おぼゆ》る」と、商人や農民も智仁勇が欠けたら家は維持できないと思うと述べる。正成のように、「三徳」を兼備することが必要だというのである。

このように、『理尽鈔』では領主の責務であった仁政が、可正によって読みかえられ、民の修身・斉家の、また農民・商人としての自己形成の、拠り所となっているのである。

さらにいえば、『理尽鈔』では、「天道」が領主に政権を委任し仁政を要請していた。この天道について、可正は、領主の政治のよしあしに感応して治乱を下すだけではなく、「家を興《おこ》すも亡《ほろぼ》すも、命の長き短かき、又人の身の息災なると病者なる」も、天道が決めているという。「されバ善をなす人にハ、天より福をあたへ給ふ。悪をなす人にハ、天より禍《まが》をむくひ給ふ」と、民一人ひとりが天道と向かい合って自らを律して自己形成するのである。天道と直接対峙《たいじ》する主体が、領主一人から民にまで拡大しているのである。

また『理尽鈔』では、時に相応した政治を行うべきだと論じ、末世である当代においては、徳だけでは治められず、賞罰を厳格にする必要を説いていた。これを踏まえて可正は、「小家をたもつ我等ごときの者共」も、「徳を以《もって》し礼を以せんと思はゞ、還而《かえって》其家衰《おとろ》ふべし」と、道徳と礼で家を治めようしたら、かえって衰えてしまうという。ともすれば「四書にてもよみならひたる輩《やから》、今時の人の心に不相応なる事をもわきまへず、聖賢の御心の向上に理の高き事共《ことども》を云て、人をもまどはし、其身も難儀に及ぶ」。儒学を学んだ者どもが今時の人の心に不相応であることも弁《わきま》えず、聖賢の教えを説いて人を惑わし自身も難儀に陥っていると批判し、家を治めるためには、時と場所に相応の「ことはりを工夫すべし」として、次のように可正はいう。

先《ま》身《ず》をおさめ家を斉《とと》へ《の》んと思はゞ、御公儀様の御政道を能々《よくよく》相守り、過不及《かふきゅう》のなきやうに其家の法をたゞし、手前の儀は云《い》に《う》及ばず、出入《でいり》する者共迄も、正直正路なるやうにと教ゆべし。若《も》僻《しひが》事《ごと》する者あるか、理不尽なる事を云懸《いいかく》る者あらば、早速御公儀様へ訴へ、御刑罰の御政道を願ひ奉るべし。

身を修め家を治めるためには、まず「御公儀様」の「御政道」(政治・裁判)をしっかりと守って、家の法を定めるのだと述べている。我が家の者はもちろん、我が家に出入りする者まで「正直正路」になるように教えるべきである。もしこれに背き間違った行為をする者や理不尽な言いがかりをつける者がいれば、「御公儀様」に訴えてその裁定を仰ぐのだという。これが今の世の中に相応した修身・斉家の方法だと、説いているのである。

第一章で、幕藩体制＝「公儀」が一定の公共的側面をもっていたという議論を紹介したが、そうした政治意識が民衆にもある程度受容されていたことが、この記述からも推定できよう。

以上のように、可正は、『理尽鈔』の政治論を修身・斉家論へと読みかえて、受容していたのである。

村の政治へ

可正は、『理尽鈔』の政治論を承けて、「天下を治め給ふ大将は天下の万民を恩《めぐ》み」云々と領主の責務を述べたあと、続けて「又一村一郷の司《つかさ》たる庄屋年寄は、其一村の者共を憐み恩《めぐむ》事勿《もち》論《ろん》也」、郷村をとりしきる庄屋や年寄もその民を憐れみ恵まなければならないという。

可正は、民への慈悲を領主の責務とする『理尽鈔』の見解を承けて、村役人が郷村における慈悲の担い手であると主張している。そして領主と民との関係が親子関係に擬せられるように、「里々の村老も、其里の民を子のごとくせば、民又親のごとくすべし」と、村役人とそれ以外の者との関係も、恵み親しむ親子のようなものでなければならないと力説する。

また可正は、村政のあり方について、貧しさのあまり「かたりごとを云て成共米銭をかりとらん、偽《いつわり》をかまへて成とも、かりたる物を済《すま》す間敷《まじき》と、非道なる事をたくむ者共多き世の中」では、道徳・礼によって村人を導くことは不可能だとする。そして、「御公儀様」の刑罰にもとづく政治に従い、刑罰を恐れさせ、「善悪のわけも得《え》しらぬ程の、下々の賤《しず》の男《お》、賤《しず》の女《め》迄にも、理非のわかちをくり返し、云きかせ、僻事《ひがごと》する者なきやうにすべし」という。いうまでもなくこれは、先ほど触れた『理尽鈔』の政治論(末代相応の政治)を承けたものである。

以上のように、可正はまず、『理尽鈔』の政治論を修身・斉家の論に読みかえ、子孫への教訓を展開する。と同時に、郷村の民を治める指導者として強い自覚を持ち、受容した「明君」＝正成像を自らのものとして、あるべき村落指導者像と村政のあり方を説いているのである。

田中休愚の場合

もう一つ、関東の事例を挙げよう。武蔵国橘樹《たちばな》郡川崎宿（現川崎市川崎区）の名主を務めた田《た》中休愚《なかきゅうぐ》（丘隅とも、一六六二―一七二九）は、享保七年（一七二二）に八代将軍徳川吉宗に献上した著書『民間省要《みんかんせいよう》』のなかで、「百姓」（上層の村役人たちであろう）の座談の一段を描写している。

そこで百姓たちが話題にしているのは、ほかならぬ軍書の読書である。たとえば、『甲陽軍鑑』に出てくる軍戦を我が身に引き換え読むことによって、「人々の身体、又軍戦ニ似て一生の大事不過之《これにすぎず》」と、自らを修めるための教訓を得ることができるのだと語り合う。そして、そのうちの一人に、「太平記の評判を見て、一生是に心を付て身を治め、其家斉《ととのえ》たり」と発言させている。

「太平記の評判」とは、『理尽鈔』のことである。『理尽鈔』を読んで、一生これを気に留めて身を修め家を治めたというのである。「且《かつ》又十町の山林の大木の下の空地ニ柳をさし、年々数千束《たば》の薪を得るなど、皆《みな》其書より心起れり」とまで述べている。「空地ニ柳をさし」とは、正成が勧農政策の一環として柳などの植樹をしたという『理尽鈔』の記述に依拠したものである。『理尽鈔』は、そこまで影響を与えていたのである。

軍書の読書と読み語り

軍書が近世においてもっとも人気のジャンルであったことは、前述のとおりである。これまでの研究においても、軍書が娯楽として受けいれられたと言われてきた。今も人気のある歴史上の人物といえば、豊臣秀吉や織田信長、上杉謙信、武田信玄ら武将の名前が挙がる。彼らの合戦の様子を活写する軍書に、娯楽的側面があったことは確かであろう。

しかし、可正や休愚の読書のありようは、我が身や家の行く末をかけた真剣なものであり、娯楽という言葉で片づけられないように思う。

これに関連して、長崎の町人出身の西川如見《にしかわじょけん》(一六四八―一七二四)が執筆し、享保一六年(一七三一)に出版され、近世を通じて何度も再版され流布した『百姓嚢《ひゃくしょうぶくろ》』に、次のような問答が出てくる。

ある村長《むらおさ》を務めている百姓が質問した。「農事閑暇《かんか》の時々は、平家物語・太平記の類《たぐい》、其外《そのほか》軍記等、読見《よみみ》る事よからんや」、農作業が暇な時には、『平家物語』『太平記』等の「軍記」(軍書と同義）を読むことはよいでしょうか。
それに答えて、如見は次のようにいう。

　予いハく、都《すべ》て歴代の記録軍記ハ、古今世《よ》の盛衰治乱を書記《かきしる》して、後の代の人の戒めとなさしめ、国を治め家をとゝのへ、身をたもち心を正して、上下安静ならしめんと也《なり》。一向に慰《なぐさみ》の為とおもひてハ読べからず。たゞ本書のまゝにて、みづから読事叶《よむことかな》はずば、人によませて、暇《いとま》ある時に聞《きき》てよろし。

これは、当時、軍書の読書が行われていたのを受けての問答であろう。軍書の読書の可否を尋ねられた如見は、ひたすら「慰」（娯楽）とばかり思って読んではいけないという。軍書は古今の盛衰・治乱を書き記して、後代の人の戒めとさせるもので、治国、斉家、修身、正心を実現し、上下を安静させるためのものである、と。このように、如見も、可正や休愚と同じ読み方を勧めているのである。

先にも述べたように、この時代は、日本列島において初めて出版業が成立し、新たに形成された出版メディアによる知を民衆も享受するようになった時代である。そして出版メディアによる知のなかでも、とりわけ軍書が、民衆の自己形成なり政治意識形成に大きな意味をもっていたということができよう。

さらに注目すべきは、書物を読み出版メディアによる知を獲得した読書人が、自分で読めない者に書物を読み聞かせる場に、如見が言及している点である。実は可正も、「人々集《あつま》りて夜話《や わ》の折」に、「軍書を引て和漢両朝の名将勇士のはたらき」を語り、「仏法(中略)、其外《そのほか》神道・歌道・荘老孔孟のをしへ〔教へ〕迄、取集めて」講釈をしていたと語る。民衆の間に、いわば村の読書人を中心にして、読み語りを聞く場があったといえるのである。

出版メディアによる知は、こうした村に形成されたオーラルなメディアを介し、中下層農民へと流通していった可能性もある。

なお、このオーラルなメディアは、如見が「百姓の学問第一にハ、公《おおやけ》より立置給《たちおきたま》へる、御制札を読覚《よみおぼ》へ、折々村里の老若にもよみ聞せ、謹《つつしん》で尊敬せしめ、ところぐ\解釈《げしやく》して、妻子奴僕《ぬぼく》に至るまで、必ず読聞《よみきか》すべし」と述べ、可正も上述のとおり「善悪のわけも得《え》しらぬ程の、下々の賤《しず》の男、賤の女迄にも、理非のわかちをくり返し、云きかせ」云々と言っていたように、「御公儀」による支配を下支えするシステム、いわば支配の回路でもあった点にも注意しておく必要があろう。

政治常識と自己形成

以上のように、『理尽鈔』の政治論は、もともとの対象であった領主層に限定されず、出版メディアを介して村落指導者層にまで広がり、その結果、武士層から民衆上層までに、新たな正成像が受容された。その結果、治者たるものは正成のようにあらねばならないという共通の治者像・指導者像が形成・定着したといえよう。こうして『理尽鈔』が領主層から民衆にまで受容され、指導者像や政治のあり方に関する社会の共通認識＝政治常識の形成に寄与したという仮説を提起することができるのである。

一方、自己形成についても、可正は、本来は領主に政権を委任し仁政を要請する天道と、直接に対峙していた。もともとの中国では、天に選ばれた皇帝のみが天子として天を祀り、他の者は天とかかわることはできなかったのであるが、日本では、将軍だけでなく個々の領主、さらには民衆までもがこうして天道と直接向き合うことができると観念されたのであるから、これは大きな変化である。

可正に限らず、近世の人々は思想形成に際して、「天地自然はどのように形成されてきたのか、人は(私は)どこからきて、何をすべき存在なのか」というコスモロジー的な裏づけを求めたようである。天道と直接向き合うことによって、自らを律し主体形成を行うことができたと推定されるのである。

天道は領主層に政権を委任する一方で、すべての人々の親として、行動の指針を与える存在となっている。日本近世のあり方は明らかに逸脱である。どうしてこんなことが可能となるのか。考えられるのは、将軍が天の祭祀を行わなかったこと、すなわち将軍が天道を独占しなかったから、天道は万民に開放されたのである。

天道委任論と「天地の子」論

こうした同時代の人々の生き方を体系化して平易に説いたのが、貝原益軒《かいばらえきけん》(一六三〇―一七一四)である。益軒によれば、人は天を父とし、地を母として、限りなき天地の大恩を受けた「天地の子」である。天地の子たる人は、「天地の人と万物を愛し給ふ御心《みこころ》」=仁の心を自らのものとして、「天地の御めぐみの力を助くる」べき存在である。そして、上は天より「其の地の人民を預」けられた将軍・大名から、下は民衆まで、それぞれが「四民」の家職を実践すべきだという。

家職はそれぞれ違うが、仁の心をもって行う道徳的実践という点では、みな「同じ人」(『五常訓』）である。すべての人が「天地の子」であり、直接、天と向かいあうのである。益軒は、天子＝万民とすることによって、天をすべての人に開放したのである。

益軒が編集にかかわった『農業全書』では、さらに一歩進めて、「天職」のうちもっとも大事なのが農業であると強調している。農業は「目前に天地の化をたすけて、世をゆたかにする手《て》立《だて》なれバ、聖人の御心にかなひたるわざなり。心あらん人誰《たれ》か是をたつとびざらん」と述べ、農業を貴いものと位置づけている。

図23　貝原益軒寿像（京都大学総合博物館蔵）
伝益軒自作．益軒の著作を出版した柳枝軒小川家に伝えられた．

天道は将軍・大名に政権を委任したのだという天道委任論と、この「天地の子」論とは、一見すると相容れないようにみえる。確かに、すべての人は「天地の子」であるという主張は、万人の平等を説く論拠ともなり得る。だが、「四海兄弟万物一平等」を説く可正は、「人たらんと思ハゞ、天道を恐ルべ」きであるとして、次のように述べている。

天の道とは陰陽五行也。天と君とは陽也。地と臣とハ陰也。天よりほどこし給ふ雨露《あめつゆ》の恵ミを、地受て万物を養《やしな》ふ。男女親子の道も是に同じ。若《もし》、下人として主人にさからひ、子として親に背き、女と成て男にしたがハずバ、天地をさかさまにするがごとし。

このように可正は天地のコスモロジーに拠りつつ、君と臣の間、男女の間、親子の間、主人と下人の間に「さかさまに」できない絶対的差別関係があると論じていくのである。

常磐《ときわ》潭北《たんぼく》(一六七七―一七四四)の『百姓分量記《ひゃくしょうぶんりょうき》』(享保一一年〔一七二六〕刊)は、近世後期まで読まれ続ける民衆向けの教訓書である。この中で潭北は益軒と同様の「天地の子」論を展開するが、同時に、「天は高く尊し。地は低く卑し。百姓は地の配当にて卑しき物と、分量を落し付、農業を大事に勤《つとむ》るが、天より与へられたる職分を尽《つく》すと申物《もうすもの》なり」とも述べている。天尊地卑の観念に依拠して、百姓は卑しいものと決めつけており、両者は矛盾しないのである。

社会批判の拠り所に

同一の書物が、身分の違いを超えて読まれることによって、政治とはこうあるべきだというイメージ、すなわち政治常識が形成されたということができる。くり返し述べてきたように、一七世紀にこの列島に成立した商業出版は、社会を大きく変えていった。支配層でない者たちが、書物を読むことによって自己形成を行い、家を治め村を治めていくということは、前代にはなかったことであり、大きな変容だったということができよう。

ここで注意すべきは、このような常識の形成が、社会の安定化に寄与するだけではなく、逆の結果を生むことがあるということである。

すなわち、民衆があるべき領主像＝「明君」像を自らのレベルでとらえ、自己形成を行うことにより、当然のことながら、理想の領主像と現実との乖離に気づくと、そこから現実の領主層への批判意識が出てこざるを得ない。当世を「有がたき御代」と賛美する可正でさえ、「今時天下泰平にましします故に、武恩にほこり、栄花栄耀《えいよう》に心をよせ、仁義を忘れ、武士道に怠る人々の、家運久しからざるも多しと聞えたり」などと、仁政の責務を実践しない領主層に対して批判しているのである。

石田梅岩の場合には、『理尽鈔』等に依拠して、青砥《あおと》左衛門《さえもん》藤綱《ふじつな》を高く評価する。青砥藤綱もまた、『太平記』巻三五「北野通夜物語」中の逸話に登場し、『理尽鈔』により美化・理想化して描かれた人物である。執権北条時頼《ほうじょうときより》により抜擢されて、清廉潔白・質素倹約を旨として、権力におもねらず、時頼らの政治を補佐した賢臣として高く評価されている。

現在の歴史研究の立場からは、実在したかどうかも疑わしい伝説上の人物であるが、歌舞伎等の舞台で彼を主人公とした芝居がかけられたり、非常に多くの物語（たとえば曲亭馬琴《きょくていばきん》の読本『青砥藤綱摸稜案《あおとふじつなもりょうあん》』）が作られるなど、近世の人々のあいだでは、もっともよく知られた人物のひとりであった。

梅岩に話を戻せば、梅岩はあるべき武士として青砥藤綱を称揚し、その武士像を範型として「商人ノ道」を説いている。注目すべきは、梅岩も「才知ハ青砥ニ劣ル人モ有ルベシ。不義ノ者ヲ受ザルホドノ事、青砥ニ劣ラバ士トハ云ハレマジ。コヽヲ以テ見レバ、世ノ人ノ鏡ト成ルベキ者ハ士ナリ」（『都鄙問答《とひもんどう》』）と、不義を行う者は武士とはいえないんだと、当代の武士を批判していく。武士とは、為政者とは、こうあるべきだという政治常識が定着すると、それが社会批判の出発点・立脚点にもなっていくのである。

歴史への姿勢

『可正旧記』が上層民衆の手になる、家・地域の歴史叙述でもあることは、先に述べたとおりである。可正はその「序」で執筆意図について、次のように述べている。すなわち、「古今の変化を取て、安危《あんき》の来由《らいゆ》」を見つめて、「我等ごときの庶人迄の、家をとゝのへ、身を治、心をたゞしうするよすがにせんと」、壮年から六〇歳の現在までに自身が耳目に接してきた、天下の治乱、国郡の栄枯盛衰、上は領主から名将勇士、下は農商人までの賢愚得失を考えてきた。「才知有《あり》と見ゆる人」から、「当地の来由、家々の興亡を記し」て欲しいと頼まれた可正は、この書物を著したのだという。

実は、「古今の変化を取て、安危の来由」云々という文章は、『太平記』「序」の冒頭の一文を踏襲したものである。そこでは、古今の変化を取り上げて「安危の来由」を見きわめてみると、天徳を体現した明君と地徳を体現した良臣とが相補ってこそ国は治まるのであり、後世の者はこれを「誡《いまし》」めとすべきだという。『太平記』の作者が執筆姿勢を表明したこの一文を引いて、可正は自著の執筆姿勢を表明しているのである。

ただし、あらためて確認しておくと、もともとの『太平記』では追求すべきは治国のあり方であったのに、可正は正心・修身・斉家のあり方を追求しようというのである。そもそも『太平記』の執筆姿勢を承けて、政治と軍事のあり方を説いて一七世紀初めに世に出たのが『理尽鈔』であった。そして『理尽鈔』に拠りながら、治国ではなく、修身・斉家に力点を移して成立したのが『可正旧記』だといえよう。

執筆姿勢とともに注目したいのは、その叙述の形式である。可正はさまざまな逸話を紹介した後、「評ニ云」とコメントを付すが、これも『理尽鈔』を踏襲したものといえる。また、『可正旧記』は「楠正成卿三徳究竟《くっきょう》の事」というような章題を付けているが、これも『太平記』のものと類似している。つまり、執筆姿勢も形式も、『太平記』『理尽鈔』の影響を強く受けて『可正旧記』は成立しているのである。

実は、一七世紀後半から一八世紀初頭に、「旧記」とか「年代記」などというタイトルを付けた家や地域の歴史叙述(「旧記」と総称されている)が日本各地で成立している。『可正旧記』は、その一つなのである。

岩橋清美らの「旧記」研究によれば、まさにこの時期は、近世的村落の成立にともない、村はその歴史的正当性を明らかにするべく、それまで口承で伝えられてきた村の歴史を書き残すことになった。土豪百姓の系譜を引く村役人層が、村内のイニシアティブを掌握するために、自らを村の開発の功労者と示し得る歴史を叙述したのだという。

そのような歴史叙述は、『太平記』『理尽鈔』をはじめとした軍書を読んできた人々が作り出したものであって、それを継承したものだといえるのである。

第六章
百姓一揆物語とは何だったのか

豊国作の楠正成・正行親子像(若尾政希蔵)

1　一揆物語の世界を支えているもの

仁政回復というプロット

近世初頭に世に出た『理尽鈔』が、政治・社会に与えた影響がいかに大きかったのか、前章で見たとおりである。百姓一揆物語も、まさにそのような状況下で作られたといえる。

第三章で読んだ⑧『因伯民乱太平記《いんぱくみんらんたいへいき》』の最後には、新藩主池田宗泰が米村所平を追放刑に処すとともに一揆の張本人を死刑に処したのを、作者が評して、「名にあふ〔負う〕楠正成の智信〔ママ〕勇を備へ給ふと、御家中在町残らず敬」ったとあった。この藩主の登場により、「太平国とぞ治りぬ」、領内の平穏が回復されたことを言祝《ことほ》ぐことで、物語は終わっていた。この正成が、もともとの『太平記』の正成像ではなく、卓越した政治能力を持つ『理尽鈔』の正成像を継承しているのは明らかである。

一揆物語と『太平記』の物語世界との関わりについては、ここまでにも議論してきた。以下ではそれを踏まえつつ、第四章の「百姓一揆物語年表」に掲げたその他の作品を取り上げて、一揆物語と、とりわけ『理尽鈔』との関わりをさらに検討していこう。
㊲『雲国民乱治《うんこくみんらんち》世記《せいき》』は、天明三年(一七八三)の出雲国松江藩の飯石《いいし》・神門《かんど》郡(現島根県雲南市・出雲市)で起きた一揆を題材にした一揆物語である。この一揆は、連年の凶作、大洪水、そして藩政改革の一環としての一割五分の増免(増税)により、百姓らが困窮し多数の餓死者が出る状況になって起きたとされている(『百姓一揆事典』)。

当時の藩主は、松平治郷《まつだいらはるさと》(一七五一―一八一八)である。治郷は、「不昧《ふまい》」の号をもつ茶人として有名であるが、明和四年(一七六七)に家督を継ぐと、窮乏した藩財政を立て直すために「御《お》立派《たては》」と呼ばれる藩政改革を行っている。この治郷について、『雲国民乱治世記』は、「爰《ここ》に出雲国松江の太守、松平出羽守従四位《でわのかみじゅしい》源の治郷公の御治世なり、この君智仁勇の御徳を兼備《かねそな》へ、専《もっぱら》神仏を尊《たっと》ミ玉《たま》ひ、家中をめぐミ、国民を撫育《ぶいく》し玉《たま》ふて、目出《めで》たき国の掟なり」と述べている。この「智仁勇の御徳」という表現も、『理尽鈔』の三徳兼備の正成像を踏まえていることは明らかであろう。

では、家中を恵み、国民を撫育する仁君の国で、なぜ一揆が起きたのか。この物語では、藩から飯石郡の「郡役」(大庄屋のこと)に任命されていた三刀屋《みとや》町の宮内屋《みやうちや》市兵衛《いちべえ》が「邪欲」で自分だけの利益をはかろうとしたとして、その家宅が百姓の打ちこわしの対象となったと述べている。一方、神門郡では百姓は大津町の森田源兵衛《もりたげんべえ》宅を打ちこわしたという。

さらに、両郡の百姓は強訴のため松江城に向かって進みつつあったが、それを押しとどめたのは、神門郡の元「郡役」であった森広幾太《もりひろいくた》であった。幾太は百姓らに、徒党して強訴を企てれば「如何成御咎《いかなるおとが》め」を受けるかわからないので、私が「一人惣代として出府し、一身に替て愁訴をいたし」たいと説得し、一人で藩に上訴した。

この一揆物語の面白さは、一揆の指導者の名前を挙げず、かわりに「異人」の「さそひによつて徒党」したと描かれていることである。そのさまは「世の常ならず、身《み》の長《たけ》六尺四、五寸」というから、身長は二メートル近い。頭には奇妙な帽子をかぶり、「八の字の一ツ紋付たる黒ちりめんの羽織」を着て、手には大きな鉾を携えていたという。このような異形の人物を登場させるのも、『太平記』をはじめとした軍書の常套手段である。『太平記』では、天狗・怨霊・神仏など不可思議なものたちが出てきて、物語世界において大きな役割を果たしている。

『雲国民乱治世記』ではその後、一揆の主導者が不明ななかで、幾太ら何人かに嫌疑がかかり「入牢」や「郡追放」に処せられたのであるが、ここで、ようやく藩主松平治郷が登場する。治郷は彼らを赦すとともに、「御恵みとして」銭「弐万五千貫文を国民へ下し置」き、「難渋なる者」に渡るようにして、また年貢の「増免」も免除した。このような厚き「御仁政」に、

「百姓一同に大に悦《よろこび》をなし」、「五穀豊穣民安全、国をさかへて太平に治め玉ふる、此君の御治世万々歳と祝しける」と述べ、この物語を締めくくっている。

仁政を妨げるもの

さらに紹介していこう。⑫『播姫太平記《ばんきたいへいき》』は、寛延二年（一七四九）に起きた姫路藩寛延一揆を題材にした一揆物語である（播磨国印南《いんなみ》・加古《かこ》郡ほか姫路藩領減免強訴・打ちこわし）。寛保元年（一七四一）に姫路藩に転封された松平明矩《まつだいらあきのり》は、藩内に多大な御用金を賦課した。くわえて、旱魃と台風で被災したにもかかわらず、例年どおりの年貢納入を督促したため、百姓は徒党・強訴を行った。藩当局だけでは一揆を鎮圧できず、逮捕者はすべて大坂町奉行所で取り調べ、大坂城代が判決を下し、磔刑に処せられた滑甚兵衛《なめらじんべえ》をはじめとして、多くの処罰者を出した。『播姫太平記』では、その冒頭に次のようにいう。

民は国の基《もと》ひなれば、むかしの国主郡主たる人は、諸民をいたわり、かん苦をあわれみ給《たま》ひしにぞ。其民はまた其業を能《よく》つとめて邑主《むらぬし》につきて貢《みつぎ》をおさめ国郡を崇《あがめ》しかば、おのづから国々安く治り家々もゆたかになりしに、多くは今の奉行頭人ハ、農業ハ天下万民生育の本たる事を忘れまいないにふけり、依怙《えこ》をなし課役をかけて下をしひたげしにより、諸民困窮して恨みを生じ、一揆を起し騒動をなして自《おのずから》天下の沙汰と成て、その家の汚名となるこそうたてけれ。

民は国の基《もとい》であるから「国主郡主」は民をいたわり憐れみ、それに応えて民は年貢を納め領主を崇める。これは、まさに、これまで論じてきた「仁政イデオロギー」の典型である。面白いのは、「むかし」はそれが通用し国が治まっていたのに、「今」の「奉行頭人」はこのことを忘れ、民を虐げ困窮させ一揆を起こさせているのだとして、厳しく批判している点である。民に直に接して農政を行う役人への批判は、多くの一揆物語に共通してみられる。

⑮『夢物語』は、寛延二年(一七四九)の陸奥国安達・安積《あさか》郡二本松藩(現福島県二本松市)の減免強訴・打ちこわしを扱った一揆物語である。藩主の「丹羽《にわ》若狭守《わかさのかみ》高庸《たかやす》公《こう》御仁徳明《あきらか》ニして賢主」でありながら、一揆が起きたのはなぜか。それは、「郷方《ごうかた》役人当座の利徳に心を寄せ、百姓の難渋をも不顧《かえりみず》」と、利欲に心を寄せる役人が藩主と領民の間に介在し、藩主の「仁徳」は下に及ばなかったからだという。しかし最後には、「ケ様《かよう》ニ国之騒動に及ぶ事、必竟《ひっきょう》我が不徳にて斯《かく》のごとく凶事も可起《おくべき》と、暫《しばら》く御泪《おんなみだ》ニ御袂《おんたもと》を為浸《しみさせ》給ふ」と、藩主が自らの不徳を恥じ、悪

しき役人を排除することによって、一揆は終熄した。

　是もひとへに大守公陰徳仁徳深き故、五穀豊饒国《くに》 豊《ゆたか》佞人《ねいじん》讒人《ざんじん》役払《やくばら》ひ、民安全ニ御代《みよ》静謐《せいひつ》と前代未聞《ぜんだいみもん》之事共也《なれ》バ、噺《はなし》之たねと、そ〔其〕は無程覚《ほどなくおぼえ》にけり。

と、「仁政」回復により、物語が締めくくられている。

　実は『理尽鈔』のなかでも、上（藩主）と下（領民）との間に奸佞《かんねい》なる者が介在し、「上下遠《とおく》シテ間《あいだ》ニ横謀《おうぼう》アレバ万悪生シテ国乱《みだれ》、不レ久《ひさしからずして》亡ル物也」と説かれている。この『夢物語』や『播姫太平記』、『因伯民乱太平記』などの一揆物語にみえる構図は、『理尽鈔』の主張と一致しているのである。

　また、『理尽鈔』の天道委任論については前章で見たが、「天道」は一揆物語にもしばしば出てくる。たとえば『夢物語』では、「夫《それ》天道は四つ時の化育盈虚《えいきょ》を以《もって》其成敗を示し、日月円映明晴を以《もって》近《ちかき》ノ盛衰を示し、風向寒暑一時の変動を以《もって》治乱暴逆を教《おしゆ》と云《いえ》り」と述べている。

『因伯民乱太平記』と楠胤説

ところで、多くの一揆物語のなかで、『因伯民乱太平記』には特別な事情があることを述べておかねばならない。というのは、この一揆物語が、藩主池田吉泰について「名将楠の後胤《こういん》たる明徳自然に顕《あらわ》させ給ふ」と評していることである。「楠の後胤」とは、どういうことか。

江戸幕府が寛永一八年（一六四一）に『寛永諸家系図伝《かんえいしょかけいずでん》』の編纂を開始して、大名・旗本に系図を書き出させたときに、池田家（岡山藩・鳥取藩ほか）は、楠正成の後胤だとする系図を提出している。実は、この楠胤《なんいん》説は、『理尽鈔』と一緒に伝来しその附録的な位置にある『恩地左近《おんちさこん》太郎聞書《たろうききがき》』に載る逸話を典拠とするものである。つまり池田家は、『理尽鈔』にもとづき系図を作成したのである。

系図を提出したのは、岡山藩主池田光政であった。領主層への『理尽鈔』講釈についてはすでに前章で触れたが、光政は大運院陽翁の弟子の横井養元《よこいようげん》から『理尽鈔』講釈を受けており、自ら『恩地左近太郎聞書』を書写していた。また二代目養元の「覚」によれば、光政の叔父で鳥取藩主の池田忠雄《ただかつ》も「殊之外《ことのほか》評判御信用」し、初代養元を招いて『理尽鈔』講釈を受け、また前田利常から『理尽鈔』を借り受け自ら書写していたという。『理尽鈔』への関心はその後も光仲《みつなか》、綱清《つなきよ》、吉泰へと引き継がれており、こうしたことから、鳥取池田家も、岡山池田家と同様、自らに楠正成の血が流れているという楠胤意識を持っていたことがわかる。

つまり『因伯民乱太平記』は、正成像だけでなく楠胤説をも『理尽鈔』に負っており、二重に『理尽鈔』の影響を受けて成立したと位置づけることができるのである。

図24　池田光政自筆『恩地左近太郎聞書』（林原美術館蔵）

以上のように、智仁勇三徳を兼備した『理尽鈔』の正成のごとき仁君の登場により、一揆は一気に終熄に向かう。封建的「仁政」回復の枠組みは、まさに一揆物語の世界観ともいえるが、この枠組みを支えていたのは、実は『理尽鈔』だったのである。

また、一揆物語の形式面については、タイトルや章題が

『太平記』をはじめとした軍書を踏襲していたことはすでに見たとおりである。くわえて、すべての一揆物語がそうだというわけではないが、一揆物語には、「評に曰く」「説に曰く」「私に曰く」などとしてコメントを入れているものがいくつもある。これも『理尽鈔』の「評云」「伝云」という表現と類似しており、形式面でも『理尽鈔』の影響を受けているといえよう。

語りとしての一揆物語

一揆物語には軍書からの引喩が多用されていることも、すでに第四章で述べた。引喩の表現様式について、ここでもう一度、『理尽鈔』からの影響に焦点を絞って整理してみよう。

まず、（一）人物や事件を描写する際に、軍書中の人物・事件を想起するパターンである。たとえば⑬『伊信騒動記』では、長倉村彦内が夢で山王権現より託宣を受けたことが人々に感銘を与え、一揆に向けてムードは高まったわけであるが、作者はここから、楠正成が「衆ノ心」を奮い立たせる「謀」の才能を持っていたことを想起している。注意すべきは、正成のそうした人心掌握力を「謀」だと論評するのは、もとの『太平記』ではなく、『理尽鈔』だということである。

（二）一揆物語の登場人物がきわめてパターン化されていることが指摘できる。たとえば㊴

『安部野童子問』は、「佞臣」遠藤円蔵を足利尊氏の執事高師直になぞらえていた。高師直は、『理尽鈔』でその貪欲さ・好色さを増幅して描写され、一七世紀末には悪人の代表として、歌舞伎などの芸能でもそのイメージが定着した人物である。

一揆物語は、現実に起きた一揆に題材を取りつつも、諸芸能の舞台を想起してその知に支えられて、創作されたものといえる。そして、諸芸能のさらに背後にあって大きな影響を与えたのが、『理尽鈔』を中心とする軍書の世界なのである。

すなわち一揆物語の作者は、自らが親しんでいた軍書から、鬨《とき》の声・口上・戦いの所作・古戦場の謂われ等を学び、いわば舞台さながらに登場人物を描いていた可能性もあるといえよう。さらに言えば、一揆に参加した百姓自身も、まさに村芝居を演じるように芸能の世界を我がものとし、篝火《かがりび》を焚《た》いたり鬨の声をあげたりして、一揆を演じていた可能性もあるのである。

さらに、表現様式の面からもう一つ指摘しておきたい。それは一揆物語が、語られたものを聞き書きした、あるいは「咄しの種」として書き留めたという体裁をとっていることである。これもすでに紹介したように、⑧『因伯民乱太平記』の著者は「咄聴堂集書先生《とっちょうどうしゅうしょ》」であった。まさに「咄を聴く」という号を持つ人物であり、この先生が、「予、其節の形勢夜毎《よごと》に人の語り逢ふを聞書《ききがき》」したものだという。

⑮『夢物語』の場合は、「浪人貧苦の病に責られ」ている「酒酔堂《しゆすいどう》」なる人物が「筆とりて反古《ほご》に記」したものだというが、「前代未聞之事共也バ《なれば》、噺之たねと、そは無程《ほどなく》覚にけり」、話の種になると述べて、この物語を締めくくっている。㉖『武上騒動記』の作者も、「前代未聞の事共にて後々迄《のちのちまで》茶呑み咄しの笑ひの種なり」、「近所の咄しの種となりしとかや」という。

ここからわかるのは、一揆物語の多くがこの点でも、口誦・講釈により享受された『太平記』や『理尽鈔』の影響を受けていたであろうということである。

⑥『美国四民乱放記《みこくしみんらんぼうき》』は、享保一一年(一七二六)、美作国津山《つやま》藩真島《ましま》・大庭《おおば》郡(現岡山県真庭《まにわ》市)で起きた山中《さんちゆう》一揆を描いた一揆物語である。

津山藩で年貢増徴政策が強行されるなか、藩主松平浅五郎《まつだいらあさごろう》が跡継ぎのないまま死去し、改易されるか、領知の一部が天領化されるという噂が流れる。そうした状況で、藩役人が郡内の郷蔵の年貢米を移動させようとしたのに不審を抱いた百姓が、その差し止めを求めた。仲間《なかま》村徳《とく》右衛門《えもん》と見尾《みお》村弥次郎《やじろう》が「発頭人」となり一揆廻状を回し、徒党し強訴した。一揆後、両人は津山城下の院庄《いんのしよう》滑河原《なめらかわら》の処刑場で磔に処せられた。

この『美国四民乱放記』は、徳右衛門を天草四郎の孫だと記したり、また、節を付けて読み上げるための朱筆の印が数カ所書き込まれている(津山市郷土館所蔵本)。作者は「神風軒竹翁」

とあり、軒号を付けていることから、講釈を生業とするものであった可能性もある。竹翁が芸人であったかどうか証拠はないが、『夢物語』を書いた浪人「酒酔堂」などは、その口ぶりから講釈を飯の種としていたかも知れない。『理尽鈔』ものの書物の流行により登場した大道芸能者である太平記読みの流れを組む芸人が、一揆物語を作り、人々に読み聞かせた可能性もあるといえよう。

だが、それ以上に注目すべきは、村・町のなかで、民衆自身が茶・酒を飲みながら咄し語る場が存在していたということである。『太平記』『理尽鈔』をはじめとした軍書の世界に通暁《つうぎょう》した人物が村・町にいたことはすでに前章で指摘したが、そうした人物によって、一揆物語が作られ周辺の人々に語られたのではなかろうか。在村・在町の知識人が担うオーラルなメディアによる知の回路のなかで、一揆物語は成立し、受容されていったと推定されるのである。

以上見たように、一揆物語には、内容から形式・表現様式にいたるまで、『太平記』の物語世界、とりわけ『理尽鈔』からの影響をみることができる。興味深いことに、共通語を持たない近世社会において、北は東北から南は九州まで日本各地で一揆物語が作られたが、それらは非常に似通っている。特にその語り口は、固有名詞を抜いて語ったとすれば、どこの地域でも通用するのではとさえ思われるほどである。

2　『農民太平記』と一揆物語

一揆を取材した「時事小説」

一揆物語はすべて写本であり、出版されていないことは、これまでに述べたとおりである。ところが、実は一揆を題材とした『農民太平記《のうみんたいへいき》』『百姓盛衰記《ひゃくしょうせいすいき》』『今川一睡記《いまがわいっすいき》』というタイトルの物語が、一八世紀初頭に出版されている。ここでは、具体的に『農民太平記』を見ていくことによって、一揆物語との違いを明らかにし、あらためて一揆物語の特質について考えてみたい。

倉員正江《くらかずまさえ》によれば、一七世紀から一八世紀初頭にかけての時期に、同時代の事件を取り上げ、叙述した物語が作られたという。現代の研究者は、こうした一連の作品を「時事小説」と呼んでいる。「時事小説」は、いずれも『太平記』をはじめとした軍書の世界を借りて、そこに同時代の出来事を入れ込む形で叙述したものである。ちょうど、近松門左衛門が、赤穂事件を描くに際し、『太平記』『理尽鈔』の〈高－塩冶〉ものの世界を借りたのと同じ手法である。

倉員は、このような物語が、五代将軍綱吉や次の家宣の時代まではいくつか作られ出版されたが、家継の時代になると見られなくなったと指摘する。その理由は、正徳三年(一七一三)に「当分有之事《とうぶんこれあること》をやっし令板行《はんこうせしめ》又は狂言等にも向後堅仕間敷候《きょうごかたくつかまつるまじくそうろう》」(『正宝録』)という幕府法令が出された影響だという(『浮世草子時事小説集』)。『農民太平記』(都立中央図書館加賀文庫、東京大学総合図書館など)は、無署名・無刊記であり、作者も本屋も出版年も記していない。右の禁令をはばかってのことではないかと、倉員は述べている。

倉員は、右三書のうち『農民太平記』は正徳二、三年の加賀国江沼《えぬま》郡大聖寺《だいしょうじ》藩の年貢減免強訴・打ちこわし(加賀大聖寺一揆)に、他の二つは宝永六年(一七〇九)の水戸宝永一揆に言及している(水戸宝永一揆の原因を作ったとされる財政家松波勘十郎《まつなみかんじゅうろう》と推定される人物が登場する。『今川一睡記』では高師直家来藤浪甚十郎《ふじなみじんじゅうろう》として現れる)と推測しているが、私もそのとおりだと思う。というのも『農民太平記』には、「加州刀郡代官村松主馬《かしゅうかたなこおりだいかんむらまつしゅめ》」の屋敷に百姓が押しかける場面が描かれている。加賀国に「刀郡」という郡はない。では何を指すのか。「刀」には大小二つがあるということで、「大小」郡→大聖寺を連想させるために、こう表記したのだと推定されよう。

一揆物語『那谷寺通夜物語』の世界

加賀大聖寺一揆は、正徳二年の暴風による家屋損壊と凶作に襲われた百姓が年貢減免を願い出て起きた、全藩規模の強訴・打ちこわしである。この一揆を描いたのが、④『那谷寺通夜物語《なたでらつやものがたり》』である。同書によれば、藩役人が籠もる場所を取り囲んだ「大勢の土民」たちは、「四方の峰々より、時の声」を二、三度あげて、口々に次のような「悪口雑言」を述べたという。

免切らずめの大盗人共、世界にない取倒しめ、今からは我々らが心次第に、したい儘《まま》にするぞや、仕置が悪しくば、年貢はせぬぞ、御公領とても望なし、仕置次第につく我々ぞ。京の王様の御百姓にならうと儘《まま》ぢゃもの。やれ早く打殺せ、打たゝけ。

「免切らずめの大盗人共」とは、凶作にもかかわらず年貢を減免しようとしない役人を罵った言葉である。仁政を施さない大聖寺藩を批判して、「御公領」(幕府領)でも、「京の王様」(朝廷)でも、「仕置」(政治)がよければその「御百姓」になるのだと主張している。研究史上、この言葉は注目されてきたが、仁政が領主の責務だという通念が成立している近世社会において、それほど突飛な発言とはいえないであろう。

このような思うままに「悪口雑言」を行う百姓たちであるが、「陣笠などを着て身には胴蓑《どうみの》をば皆《みな》一体に着《ちゃく》し、手には熊手・鳶口・棹・鎌・棒ちぎり木」を持ち、竹の「先を削りて所謂《いわゆる》竹槍の如くなして持る者も多」く、「腰には鎌、或は鉈《なた》など」を帯していたという。十村《とむら》（大庄屋のこと）の家宅などをはげしく打ちこわしたが、人命を損なうことはなかった。蜂起した百姓も「一人も負傷せしものもなく、中には棒にて擲《なぐ》られし者もありしかど、血の少し出たりといふ事も」なかったという。

結局、百姓たちの願いどおり藩が村々への「御貸米」を約束したところ、一揆は終熄し、藩は首謀者として「三十人許《ばかり》」を処刑したという。「是より後は御郡中も静《しずま》り、百姓中の風俗も宜敷成《よろしくなり》静謐に治り、泰平の御世《みよ》と成て、上下睦敷《むつまじく》、明白成《めいはくなる》御成務に、帰服する事、勿論《もちろん》なりと人々中あへりけり」（「後記」）と締めくくっている。

『農民太平記』の世界

いっぽう、『農民太平記』が借りた世界は、一三世紀半ばの鎌倉幕府執権北条時頼と青砥藤綱の時代である（前章参照）。ここから、『農民太平記』も『理尽鈔』『太平記』が産み出した物語といえるであろう。

北条時頼が、加賀国刀郡で起きた村松代官所の百姓一揆に関する夢を見たという。夢から覚めた時頼は自らをかえりみるのであるが、そのときに参上した建長寺の無住《むじゅう》和尚（『沙石集《しゃせきしゅう》』の作者)が、時頼に次のように語ったという。

されば君天下の民をあはれみ給ひ、(中略)おぼしめせども、臣下のうちに佞奸虚妄《ねいかんこもう》のやから有て、下より賄《まいない》を取て、依怙《えこ》をかまへ、ゆえなき町人百性《〔ママ〕》に、御用の威をふるはせ、五穀をかすめ、金銀をくもらせ、酒肴《しゅこう》をあやつる此罪《このつみ》、みな君のあやまりとなり申《もうす》なり。

仁政が君の責務であること、君が仁政を施したいと思っていても、家臣が悪政を行い百姓を困らせれば、それは君のあやまりだ、と述べている。

実はこの無住の発言も時頼の夢のなかでのことであったのだが、「夢に夢を見、又それも夢」であるという不可思議な体験をした時頼は、熟慮の上、次のような結論を出した。すなわち「ひろき日本六十余州、短才の身として、鎌倉にゐながらはおさめがたし」。無住和尚がお話しになっていた「芭蕉法師が行脚《あんぎゃ》の事」を「よき手本」として、「ひそかに諸国をめぐり、世の有さまを見さだめて、万民のくるしみをたすけ、安堵の地にをらしめん」と誓いをたてて、剃髪をして全国行脚をはじめたという。

鎌倉時代の時頼が近世の俳人松尾芭蕉に倣《なら》うと言っていること自体、奇想天外なことである

が、それはともかく、時頼は出家して廻国修行をはじめる。そして、

さるによつて御子孫ながく打つゞき、後世にいたつて世のかゞみともならせ給ふ。かゝるためしを今の民、聞伝《ききつた》ふるもありがたき、戸ざゝぬ御代のしるしにて、千とせ松をぞあふぎける。

と時頼の善政を言祝いで、この物語を締めくくっている。これも、一揆物語と同じ手法だということができよう。

では、肝心の百姓一揆の描写をみてみよう。『農民太平記』によれば、代官の村松主馬《むらまつしゅめ》が、近年、私欲をもっぱらにして、「上納といつはり」、「百姓の金銀をうばいと」るなどの「悪逆」をしたため、百姓は飢え死にするほどまでに困窮した。そこで「六百七十八人」の百姓が、年貢の減免を求めて「一味同心《いちみどうしん》の血判して」村松代官宅に押し寄せ強訴したという。

実は、代官村松主馬は、『那谷寺通夜物語』には出てきていないし、実際にもそのような名前の人物はいなかった。では、作者によるまったくの虚構かというとそうではない。倉員は、「実在の村井主殿《むらいとのも》の面影がある」と述べている。村井主殿とは、大聖寺藩第三代藩主前田利直《まえだとしなお》

に重用され、藩政の実権を握った人物である。藩内の老臣神谷氏との間で家臣団を二分する抗争が起き、結局、公金使いこみの名目で宝永七年(一七一〇)に切腹に処せられている。大聖寺一揆の発端がこの村井主殿にあるとみた『農民太平記』の作者が、村松主馬なる人物を作って、いわば物語の仇役に仕立てたというのが倉員の推測であるが、当たっていると思う。

『農民太平記』の挿絵を読む

図は、この『農民太平記』の挿絵の一つであり、村松代官宅に押し寄せた一揆勢と、それを迎え撃つ武士たちが描かれている。ここで、読者に問うてみたい。

問　下の絵を見て気づいたことを挙げなさい。とりわけ、①本書でこれまで見てきた百姓一揆のイメージにかなうものと、逆に②それにそぐわ

図25　『農民太平記』(倉員正江校訂『浮世草子時事小説集』より)

ないものを指摘しなさい。

いかがであろうか。

まず、①については、腰蓑《こしみの》を着け、笠をかぶっている百姓が描かれている。これは、現実の百姓一揆の作法に則っているものといえよう。また、腰に鎌を帯び、手に鋤・大槌・鍬をもっているのも、百姓の「得物」についてしっかりと理解した上で描いているといえるであろう。

その一方で、百姓が竹槍を持ち、武士が刀を抜いてそれに応戦をしているのには、違和感を抱かざるを得ない。しかも、百姓が振り下ろした鍬が武士の頭にあたり、血が飛び散っている。

本文には、百姓の襲撃によって村松主馬と家来一八名は討ち殺され、その後に、百姓のうち二七名が刺し違えて自害したと記されている。つまり、本文・挿絵に描かれているのは百姓一揆ではない。軍書に出てくる戦闘場面がそのまま描写されているのである。

実際の百姓一揆では、このような殺し合いの戦闘は行われなかった。内田満が明らかにしたように、「打殺」を標榜し実際に殺傷に及んだ一揆は、慶応四年（一八六八、明治に改元）三月に起きた武蔵国榛沢《はんざわ》郡旗本神谷氏領大谷・黒田村（現埼玉県深谷市）地頭殺害騒動（殿様殺し）のみで、他に類例がない（『一揆の作法と竹槍席旗』）。現実にはありえない熾烈なバトルとして百姓一揆を描いているのである。これはどうしたことか。

考えられるのは、『農民太平記』の作者が、百姓一揆を実際に見聞していないということである。百姓一揆が何であるかを十分には理解していない作者が、軍書に出てくる合戦のようなものだと想像して描いたのが、『農民太平記』なのである。

さらに興味深いのは、『農民太平記』の本文のなかに、六七八名の百姓が「一味同心して、筵《むしろ》を旗にをしたて、竹槍のしのぎするどに」、「村松が家にをしよせ」たと、筵旗と竹槍の語が出てきていることである。

第二章で見たように、竹槍蓆旗は近世の一揆の実像ではなく、近代に作られたものであるが、その典拠がこの『農民太平記』にあったのである。『農民太平記』は出版され、現在でもいくつか伝わっている。近代の知識人たちがこれを読んで、近世の百姓一揆に対するイメージを作ってしまった可能性もあるといえよう。

実は、私の手元に『播州姫路物語百姓乱《ばんしゅうひめじものがたりひゃくしょうらん》』なる写本の小冊子がある。

タイトルから、⑫『播姫太平記』の抜き書きであろうかと読みはじめたところ、確かに同じ姫路藩寛延一揆を題材にしているが、読んでみて驚いた。そこには、「壱万五千人」の百姓が、「時のこへをあげ、手かま竹やりてんでニ持、御城を目がけ」進んでいったのに対し、姫路城

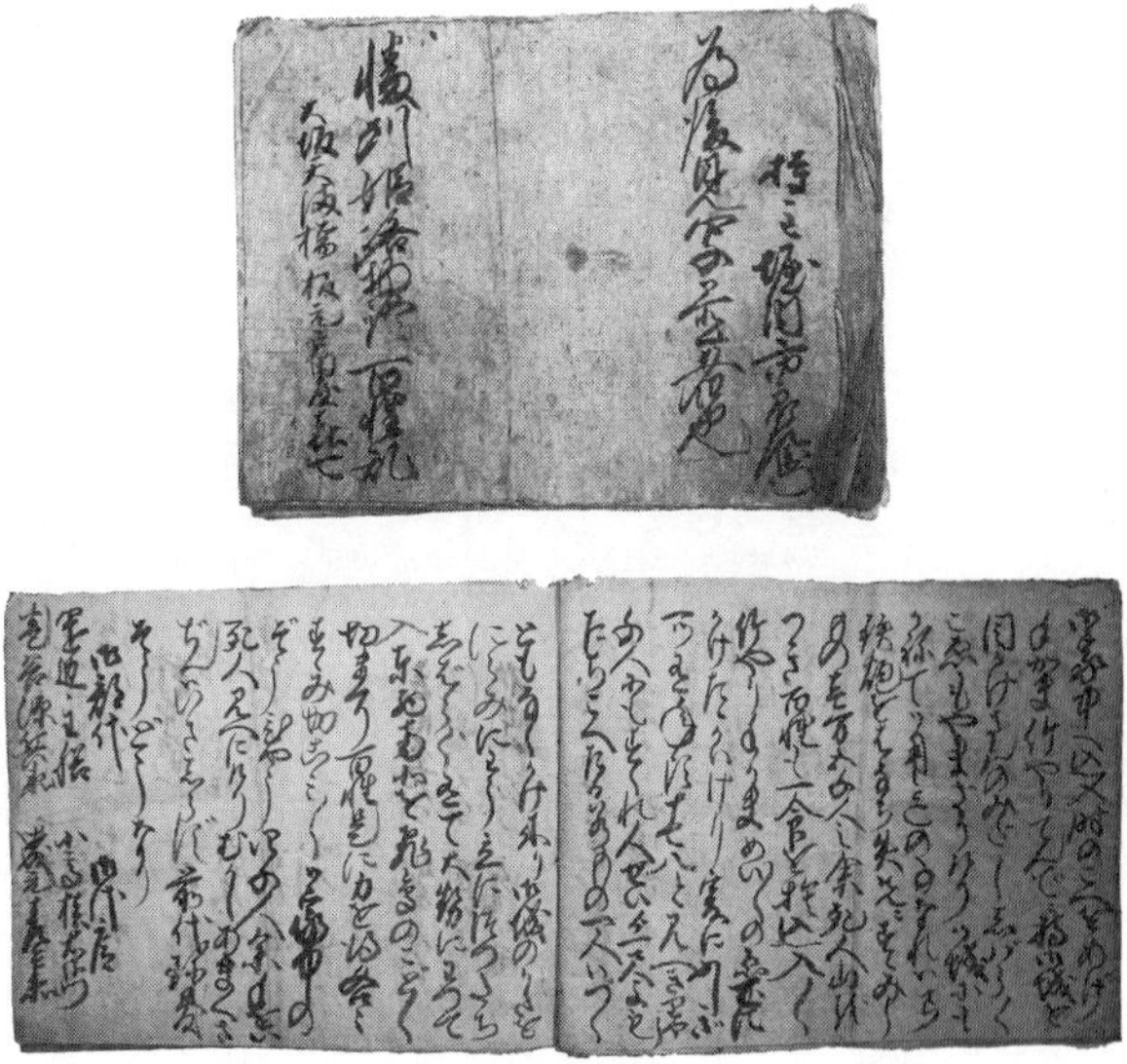

図 26 『播州姫路物語百姓乱』(若尾政希蔵)

内では「かねて御用意の事なれバ、鉄砲をはなち」、「死人山をきづき」と、鉄砲で百姓らを次々と殺害したと書かれている。

　そのとき、「実にふしぎ」なことがあった。「年頃十七八と見へ」、器量に優れ背も高い「若もの一人いづくともなくかけ来り、御城のかたをにらみ」、「大勢にわつて入《いり》東西南北を」「切りまく」った。「百姓は是に力を得、各々すゝみ切ころし、御家中のぞうひやう四五千人余手をい死人見へにけり」、四、五千人余りの武士が百姓に手傷を負わされたり殺されたりしたという。「むかしあまくさぢんハいざしらず、前代弥敷《めずらしき》そうどうなり」と、昔の島原・天草一揆はいざ知らず、武力衝突により多くの死者を出した騒動は珍しいと、作者は感嘆している。

いうまでもないが、姫路藩寛延一揆において、このような戦闘は行われていない。そもそも百姓が竹槍を人を殺傷するための武器として使用していないことについては、第二章で見たとおりである。それに対し領主側も、鉄砲・刀を持っていても、威嚇で空砲を鳴らすことはあっても、一揆鎮圧のためにそれを使うことはなかった。

おそらく伝馬騒動（第四章参照）をきっかけにして、明和六年（一七六九）に、幕府が一揆鎮圧に際して鉄砲使用を許可する法令を出した。そして、一九世紀になると、「悪党」に対して鉄砲を向けて殺害した事例が出てくる。しかしながら、一八世紀段階では、寛延二年（一七四九）の会津藩領一揆（会津寛延一揆、金曲《かねまがり》騒動）で、若松城下に押し寄せた一揆勢に対して、藩士が思わず実弾を発射してしまい死者が出たというような暴発的な事件はあったが、それはきわめて特異な出来事であった。百姓への殺傷行為をしてはいけないと観念され、行われなかったのである。

『播州姫路物語百姓乱』の表紙には、これを書写した「持主」の名前とともに、「大坂天満橋板元戸田屋喜七」と書き込まれている。出版のネタにするために、百姓一揆と姫路藩寛延一揆について何も知らない人物が執筆した可能性はあるだろう。なお、現時点では、これが出版された形跡はない。

以上、『農民太平記』ならびに『播州姫路物語百姓乱』と比較対照することによって、百姓一揆物語が何なのかがわかってきたと思う。

ともに、『太平記』『理尽鈔』をはじめとした軍書の世界を基盤として作成されたものでありながら、百姓一揆を実際に、身近で見聞した者が作成したのが一揆物語である。その作者は、一揆には批判的な態度を取ることが多い。だが、なぜ一揆を起こさざるを得なかったのか、その原因について考えをめぐらし叙述しているので、その箇所の筆致は一揆を起こした百姓らに同情的である。くわえて、一揆の作法についても理解した上で、一揆物語を執筆している。

一揆物語が、軍書の影響を色濃く受けて物語として脚色されているにもかかわらず、そこからなにがしかの事実を読みとることができるのには、このような理由があるといえよう。

それに対し、『農民太平記』の作者は、おそらく百姓一揆を実際に見聞していない。一揆の作法についての知識もほとんどもたない。一揆が起きた場所から遠く離れた都市の知識人が、聞きかじった情報をもとに、慣れ親しんできた軍書の世界を借りて作成したものだということができよう。

それでも、写本として在地社会にひそかに伝わった一揆物語とは異なり、『農民太平記』は出版されたことにより、事実から大きく乖離しているにもかかわらず、近代までの都市知識人の百姓一揆イメージ——竹槍蓆旗のイメージもその一つであるが——の形成に大きな影響を与えた可能性があるといえるだろう。

3　百姓一揆物語と明君録

明君録とはなにか

一揆物語がその結末において、悪代官なり君側の奸なりが取り除かれ、領主による仁政の復活を言祝ぐことで終わっているのは、これまで見てきたとおりである。一揆物語は、仁政的秩序、領主-民の関係意識を結び直す機能を持っていると意義づけることができよう。

ところで、一揆物語が集中的に作られた一八世紀の半ばに、領主を明君(名君)・仁君として叙述した明君録が日本各地で作成されている。ここでは明君録とは何かを考えることを通して、一揆物語とは何だったのか、その歴史的意義をみておきたいと思う。

明君吉宗の時代

八代将軍吉宗が評定所の門前に目安箱を設置したのは、享保六年（一七二一）であった。これに応じて浪人兵学者山下幸内《やましたこうない》が投じた封事《ふうじ》は、吉宗の緊縮財政を厳しく批判するものであったが、吉宗は、幸内が卑しき身でありながら身をかえりみず直言したことを賞美し白銀を与えたという。この封事は『山下幸内上書《じょうしょ》』などと呼ばれ、松平定信が高く評価したり、熊本藩細川家、岡山藩池田家、仙台藩伊達家、高知藩山内家等の歴々たる大名家の蔵書にも入ったりして、後世の政治に少なからぬ影響を与えていくことになるが、注目したいのは『上書』の次の件りである。

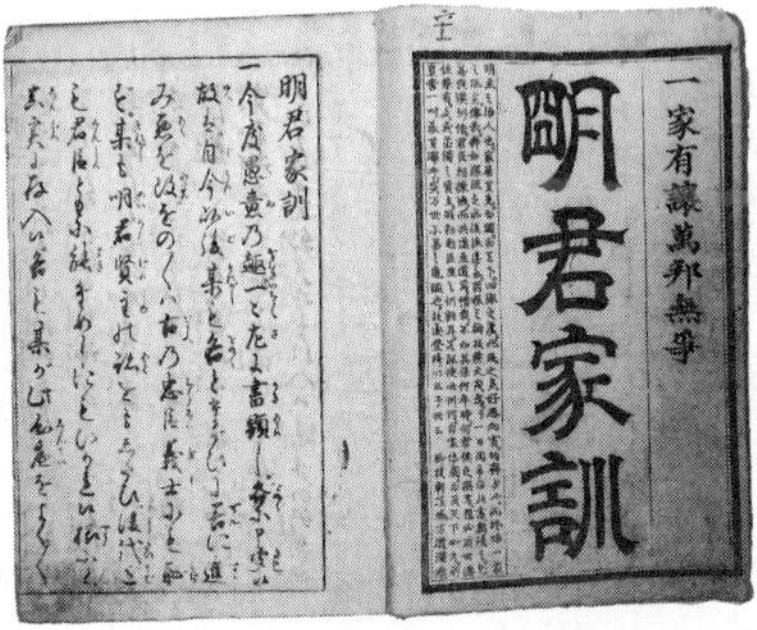

図 27　『明君家訓』(若尾政希蔵)

> 明君家《めいくんか》訓《くん》と申す上下二巻の物御座候、世挙《こぞっ》て将軍様御作なりとて譏《き》誉《よ》に評し候。

幸内の見るところでは、文章の作法からいって『武士訓』の著者井《い》沢蟠竜《ざわばんりょう》の作であるのは明らかなのに、世上ではもっぱら吉宗の自作と唱えている。万一、将軍の自作であれば、おそれながら将軍様の器量の程が知れてしまうので嘆《なげ》かわしいことであり絶板するよう、幸内は提言している。

確かに、正徳五年(一七一五)と享保六年に『明君家訓』という名の、明君が家臣に教諭した体裁をとった書物が出版されている。これが将軍吉宗の作であると喧伝され、もてはやされていたというのである。ここで興味をひかれるのは、吉宗が将軍職を襲封(享保元年)してからわずか数年の間で、「明君」の名を得ていたということである。明君とは何か。それは当時の社会においてどのような意義を持つ存在だったのであろうか。

『明君家訓』の成立事情

『明君家訓』の著者は、吉宗でも井沢蟠竜でもない。吉宗の侍講である室鳩巣《むろきゅうそう》(一六五八―一七三四)が、加賀藩に儒者として勤めていた元禄五年(一六九二)に作ったものである。『明君家訓』の原題は『楠諸士教《くすのきしょしきょう》』であり、明君とは、もともとは楠正成のことであった。

鳩巣はその執筆動機を次のように語る。今、世の中は衰え、「人の心すなをならず、風俗日々にくだ」ってきている。「是をあらためん事ハ、上に其器《そのうつわ》にあたる君出ていましめ給わずしてハ、下たる人の力およぶべき処にあらず」として、当今の頽廃せる武士の風俗を改めるべく、主君が家臣に教諭する体裁の教訓書を作ったという。鳩巣はその主君を、「正成が所作《しょさ》を爰《ここ》に仮設《かりもうけ》て筆端を起す」と、正成になぞらえる。なぜなら「昔より本朝にて、人の上に居て、さるあらまし心得たる人は正成なりけんかし」と、家臣を教諭する最適任者として正成を認めたからである。理想的な指導者としての正成像がここに成立している。しかも鳩巣はそれを「昔より」のことだとしており、それが常識的イメージとして定着しているようである。

これが、もともとの『太平記』に描かれた正成像ではなく、『理尽鈔』のそれに依拠したものであることは明白であろう。『理尽鈔』で描かれた、領主と民の信服を得、卓越した政治能力をもつ理想的治者＝「明君」としての正成像である。

前章で述べたように、『理尽鈔』は、当初は領主層の統治マニュアルとでもいうべきものであったが、一七世紀半ばに出版されると、『理尽鈔』もの、『太平記』ものの出版物が世にあふれた。太平記読みが登場するとともに、歌舞伎・浄瑠璃に影響を与えた。

こうして『理尽鈔』が提起する明君正成像は、階層の差異を超えた当代社会の共通認識、すなわち社会の政治常識となっていった。そのことは『明君家訓』からも裏づけられるのである。

明君像の自立

正成を介して明君像が普及すると、次の段階では、明君像が正成という人格から解き放たれる。明君像の自立である。これは一方では、明君像があるべき領主像・指導者像として理念化していくとともに、他方では、現実の幕藩領主のうち、ある特定の個人を明君として顕彰していこうという動きとして現れる。

後者について、池田光政に即して見ていこう。光政は一七世紀半ばに岡山藩制確立に尽力した藩主であるが、一八世紀の半ばを中心にした時期に、光政が明君であるとしてその言行を記録した明君録がいくつも作成される。たとえば安永初年（一七七〇年代前半）、藩士の近藤西涯《こんどうせいがい》が当時の藩主池田治政《はるまさ》に献呈した『率章録《そっしょうろく》』では、その序で「我国の先君芳烈公《ほうれつこう》（光政）は、世に希《まれ》なる明君にして、其徳も、其道も、古《いにしえ》の聖賢の君といへ共、恥給《はじたま》ふ所なし」と述べている。

こうして、光政の逸話は改変・加除されながら、明君としての光政像に収斂させられる。そして近世中期に明君光政像が喧伝され、従うべき古法として光政の治世が位置づけられ、藩政にも少なからず影響を与えていった。さらに興味をひかれるのは、熊本藩細川家が『備前少将御家訓』『備前国政之聞書』を所蔵したり、高知藩山内家が『備藩典録書抜《びはんてんろくかきぬき》』（『有斐録《ゆうひろく》』）を所蔵したりしているように、光政明君録は藩領を越えて書写され、出回っているのである。

他藩でも、たとえば米沢藩では莅戸善政《のぞきよしまさ》が藩主上杉鷹山《うえすぎようざん》（一七五一―一八二二）の言行録『翹楚《ぎょうそ》篇《へん》』を作成し、いわば明君を打ちたてて藩政改革を行っていった。こんにちこの明君録は、旧米沢藩領はいうまでもなく、日本全国にその写本を大量に見いだすことできる。家臣と領民をまとめあげて藩政改革を行っていくに際し、明君が必要となった時代がこの時期だといえるのである。

『徳川実紀』の吉宗像

将軍吉宗に話を戻そう。吉宗は先にも見たように治世のごく初期に明君に仕立てあげられたのであるが、明君吉宗像はその後どうなっていったのか。第一章でも紹介した幕府の正史『徳《とく》川実紀《がわじっき》』において、吉宗はどのように描かれているのであろうか。

『徳川実紀』は、初代東照宮（家康）から一〇代浚明院殿《しゅんめいいんでん》（家治）までのそれぞれの在位中の出来事を年月日順に記述した本巻と、各将軍の事績・逸話を諸本から引用した附録からなる。有《う》徳院殿《とくいんでん》（吉宗）の附録の分量は、二代以後の将軍のそれを圧倒しており、幕府創始者であり徳川家の守護神となった家康の附録に迫るほど、多くの頁を割いている。

また『徳川実紀』の本巻の末尾では、各将軍の死亡・葬儀の記事の後に、将軍の評価を述べている。そこでの吉宗評は、絶賛に次ぐ絶賛で、一つの瑕瑾も指摘していない。吉宗が将軍位を嗣いだのは「天意人望」によるものであるといい、天の意志と人望に迎えられて将軍となったと位置づけた上で、吉宗の施策を要領よく述べる。そして、これらは、「一として天下の要務、後世の亀鑑《きかん》とならざるはなし。されば今日世に用ひらるゝ朝儀典例、みな此御時を摸則とせらるゝものなり。あるがなかにも、かしこき御事どもなり」と意義づける。吉宗の施策は、すべて後世の「亀鑑」(模範)となっているという。

考えてみれば、一八世紀末に『徳川実紀』の編纂を命じた松平定信も一一代将軍家斉《いえなり》も、この吉宗の血統を継ぐ子孫たちであり、『実紀』が吉宗を高く評価するのはある意味当然のことだといえよう。

それはともかくとして、『徳川実紀』の吉宗の附録を見ると、『兼山麗澤秘策《けんざんれいたくひさく》』『仰高録《ぎょうこうろく》』『明君享保録《めいくんきょうほうろく》』といった、吉宗を明君であると評する明君録からの引用が見える。すなわち『実紀』は、幕府が行った吉宗明君録の集大成事業の成果といえるものである。このうち、『兼山麗澤秘策』は吉宗のブレーンであった前述の室鳩巣の筆になり、『仰高録』は吉宗の小姓を務めた磯野《いその》政武《まさたけ》の著作であるので、吉宗の評伝を作るときに、この両者が使われるのはよくわかる。

それに対して『明君享保録』は、すべて写本でかなり多く現存しており(仙台藩伊達家や佐賀藩鍋島家らの大名家に伝わる)、同時代に広まったことがわかるのだが、これを編んだのは、馬場《ばば》文耕《ぶんこう》(一七一八?―一七五八)であった。

文耕は吉宗のブレーンでも側近でもない。伊予出身の浪人で、宝暦年間(一七五〇年代)に江戸で口演した軍談講釈師、太平記読みの系譜を引く大道芸人に過ぎない。しかも、文耕は、以下に述べるように舌禍《ぜっか》により幕府の咎めを受け、獄門の露と消えた人物である。幕府が、自ら処刑した人物が書いたものを、将軍吉宗を装飾するために使ったことを知った私は、唖然とした。と同時に、吉宗明君録を書くような人物がなぜ舌禍事件を引き起こすことになったのか、強い興味を持ったのである。

馬場文耕は何をしたのか

宝暦八年(一七五八)九月、講釈師馬場文耕は、江戸で、進行途中(幕府評定所において審理中)の郡上《ぐじょう》一揆を題材にした『平《ひら》がな森の雫《しずく》』を著し、その講釈を高座に載せたことが咎められ、一二月に小塚原《こづかっぱら》で獄門に処せられた。

郡上一揆とは、美濃国郡上郡郡上藩(現岐阜県郡上市八幡町)において、年貢増徴政策に反対し

図28　映画『郡上一揆』チラシ(神山征二郎監督, 2000年)

た百姓が宝暦四年(一七五四)から八年までの四年ものあいだ闘い続け、最後は幕府に訴訟をした百姓一揆である。くわえて、郡上藩の預地であった越前国大野郡石徹白《いとしろ》村(現岐阜県郡上市)にある白山中居《はくさんちゅうきょ》神社の社人《しゃじん》間の抗争が幕府の評定所に持ち込まれ、あわせて吟味され、郡上藩主金森頼錦《かなもりよりかね》は改易された。頼錦が幕府の奏者番《そうしゃばん》を務めていた関係で、幕府老中本多正珍《ほんだまさよし》が免職、西ノ丸若年寄本多忠央《ただなか》と勘定奉行大橋親義《おおはしちかよし》は改易に処せられた。他方、百姓側も、一揆を主導した前谷《まえだに》村定次郎《さだじろう》ら四名が獄門(ただし切立《きったて》村喜四郎《きしろう》はそれ以前に牢死)にされたほか、幾人もの百姓が死罪・遠島に処せられた。

二〇〇〇年に、この一揆を題材にした映画『郡上一揆』(神山征二郎《こうやませいじろう》監督)が封切られた。緒形直人が定次郎、加藤剛が定次郎の父、古田新太が喜四郎を演じていた。百姓らは、武士たちと堂々と対峙し理路整然と自己主張をし、それでいて暴力に訴えない。一言でいえば、恰好良かった。一揆のための資金を調達し、江戸の公事宿に泊まりながら、四年に及ぶ訴願活動を丹念に描いていた。しかし、四年の歳月はあまりにも長く、あくまでも強訴を続けるべきだと考える「立百姓《たちひゃくしょう》」と、一揆から離脱していった「寝百姓《ねひゃくしょう》」との対立も丁寧に描かれていた。ただ、八幡城下への強訴に際して、すべての百姓に竹槍を持たせたことは、残念であった。

文耕に話を戻そう。文耕が作成した『平がな森の雫』については、現存が確認できず、残念ながらその内容はわからない。文耕が描いたのが、郡上一揆の実態に即した一揆物語なのか、あるいは『農民太平記』のような「時事小説」の類だったのか、興味がひかれる。

ただし、どちらであっても、領主たるものは仁政を施す明君・仁君であるべきだという内容であったことは、容易に推測できる。というのは、文耕が同じ宝暦八年の七月に『明君享保録』を著しているからである。先にも触れたように、この書物は写本として日本全国に数多く現存している。それを読んでみると、文耕が将軍吉宗を「明君」と呼び、二九条にわたり吉宗の仁徳を叙述していることがわかる。家臣に尊崇され、人材登用に優れ、民百姓にも敬慕されているというように、文耕は吉宗を褒めたたえている。中国の聖人である湯王《とうおう》に匹敵する仁徳の持ち主だとして、徹底的に吉宗を顕彰しているのである。

吉宗は宝暦元年（一七五一）に亡くなっている。すでにこの世にいない吉宗の事績をことこまかに述べ、吉宗がいかに素晴らしい明君だったか称賛することは、明らかに見劣りする当代（九代将軍家重《いえしげ》）への批判につながっていることに気づかされる。実際、文耕は家重批判を行っている。

そう考えると、文耕が吉宗を明君として称賛していることと、幕閣まで巻き込んだ郡上一揆の物語を作成し語ったこととは、矛盾することではなく、むしろ一貫したものであることがわかる。領主とはこうあるべきだ、という考えをもつことは、現実の、至らない領主への批判となり得ることは、先にも述べたとおりである。

一揆物語と明君録——一八世紀半ばの転換期

本章の初めに述べたように、一揆物語は、領主による仁政の復活を言祝ぐことで終わっていて、それは一種の明君録だということもできる。仁政的秩序を、領主‐民の関係意識を結び直す機能を持っていると意義づけることができるのである。吉宗の明君録を作った文耕が、郡上一揆の物語を語ったのも、ある意味、歴史の必然といえるかも知れない。一揆物語と明君録とは、一八世紀半ばという時代の産物であり、ちょうどメダルの表裏の関係にあるといえるのではないかと思う。

一揆物語の結末は、仁政が復活してめでたしめでたしとなるのであるが、しかしながら、おそらく一瞬ではあろうが、「仁政」的秩序が破綻するのではないかという作者の恐怖感・危機感・驚きを一揆物語に見て取ることができる。文耕が断罪されたという事実、あるいは一揆で処刑された民衆が義民として伝承され続けたという事実は、仁政的秩序が常に結び直されるとは限らないという、時代の不安感を象徴的に示しているのではないだろうか。

日本近世史研究において、一八世紀半ばは、近世という時代を大きく二分する転換期と見なされ、その年号から「宝暦・天明期」と呼び習わしている。明治維新の政治社会変革がこの時期からはじまると見なして、その起点とされてきた(林基「宝暦―天明期の社会情勢」)。安藤昌益が、仁君を称賛・待望する思想から、領主は天道を盗んだのだと言って領主という存在そのものを否定する思想へと大転換したのも、この時期であった(『安藤昌益からみえる日本近世』)。

宝暦・天明期は、近世の政治常識とそれにもとづく政治秩序の行き詰まりの時代であり、領主層は新たな政治戦略・編制を余儀なくされていくことになる。一揆物語と明君録には、まさにそのような時代性が刻印されていると言えるのである。

では、一揆物語に映しだされていた政治常識や時代性は、そののちどう変容して、近代を迎えるのだろうか。本書の締めくくりとして、終章ではこのことを議論したい。

終章 「近世的世界」の終焉

一英斎《いちえいさい》（歌川）芳艶《よしつや》画・鶴亭秀賀《かくていしゅうが》作『佐倉宗吾物語』（若尾政希蔵）

1　百姓一揆物語のゆくえ

前章でも述べたが、幕府が一揆鎮圧のために鉄砲の使用を許可したのが明和六年(一七六九)であった。これは、明和元年(一七六四)閏一二月に武蔵・上野・下野・信濃国の広域で起きた伝馬騒動(第四章参照)をきっかけにしたものと推定される。くわえていえば、明和七年に幕領で掲げられた、徒党・強訴・逃散を訴え出ることを奨励した高札(第二章参照)も、一連の流れで出されたものと考えられている。次の図29からわかるように、一八世紀後半以降、一揆の件数は飛躍的に増加している。

そのような状況下で、一揆物語がどう変わっていったのか、見ていきたいと思う。

義民佐倉惣五郎の物語

佐倉惣五郎《さくらそうごろう》(宗吾《そうご》とも)については第二章でも少し述べたが、ここで詳細に見ておきたい。惣五郎の名前を挙げるときに、しばしば「義民」という言葉を冠するのが常套となっている。こ

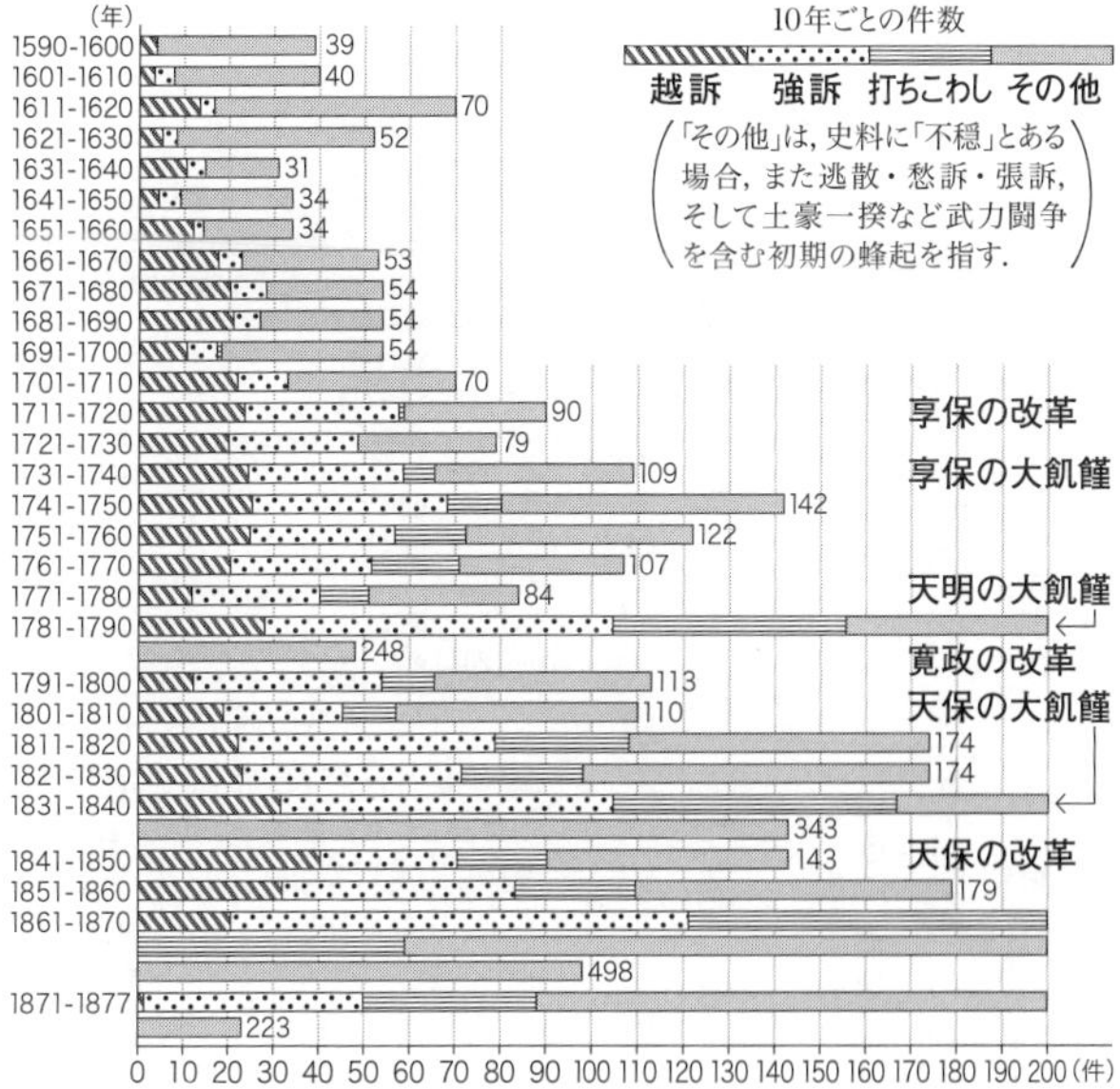

図29　百姓一揆の推移（『週刊朝日百科　日本の歴史』74 所収の保坂智構成によるグラフをもとに作成．作図：前田茂実）

の義民という概念について、日本各地を歩き回り史料を博捜し『近世義民年表』を編んだ保坂智は、史料上最初に「義民」と呼ばれたのが惣五郎だったという。

　保坂によれば、百姓一揆の指導者を義民と呼んだ最初の事例は、嘉永四年（一八五一）に江戸中村座において上演された『東山桜荘《ひがしやまさくらぞう》子《し》』（三代目瀬《せ》川《がわ》如皐《じょこう》作）がヒットしたことを記録する須藤由蔵（一七九三―？）の『藤岡屋《ふじおかや》日記《にっき》』であった（『義民物語の構造』）。義民概念は、惣五郎が生きたとされる一七世紀半ばではなく、それから二〇〇年

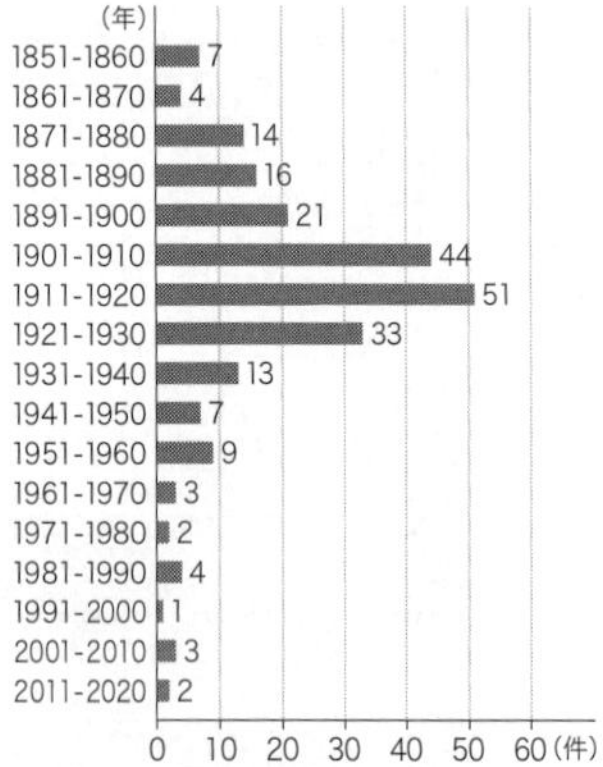

図30　『佐倉義民伝』上演件数（国立劇場芸能調査室編『国立劇場上演資料集』399などをもとに作成．作図：前田茂実）

も後の、一九世紀半ばに作られたのである。よく似た言葉に「義士」があるが、こちらは赤穂義士劇＝忠臣蔵が歌舞伎・浄瑠璃の舞台にかけられた一八世紀半ば以降、一般的になっている。それになぞらえて、正義のために命をかけて尽くす民、ということで「義民」という言葉が作られたのであろう。

一九九八年一〇月三日から二六日にかけて、国立劇場で歌舞伎『通し狂言　佐倉義民伝——東山桜荘子』がかけられた。当時、第二章で紹介した『民衆運動史』シリーズに一揆物語についての論文を書いていた私は、義民とは何かを考えるために、観に行ったのである。

副題からわかるように、もともとは東山殿足利義政《あしかがよしまさ》（徳川家綱）の時代に仮託され、星田《ほしだ》上総《かずさ》之介《のすけ》（堀田上野介正信《ほったこうずけのすけまさのぶ》）支配の浅倉領（佐倉藩領）内の庄屋当吾《とうご》（宗吾）が、悪政で民が苦しんでいるのを将軍に上訴したという物語である。明治以降は実名で演じられ、現在に至っている。

図30は、嘉永四年以来の『佐倉義民伝』（『東山桜荘子』およびその改作『花雲佐倉曙《はなのくもさくらのあけぼの》』等の総

称)の上演件数を一〇年ごとにグラフにしたものである。一九九八年の一つ前は一九八九年であり、一九九〇年代は私の観た一件のみである。二〇〇〇年代以降は五件で、二〇〇二年には佐倉惣五郎没後三五〇年ということで、五代目中村勘九郎が宗吾を演じている。これは勘九郎の当たり芸となり、二〇一〇年にも演じている(一八代目勘三郎として)。あとの三件は、二〇〇八年と二〇一二年に九代目松本幸四郎(のち二代目松本白鸚を襲名)が宗吾を演じ、また二〇一八年一〇月にも、一八世中村勘三郎七回忌追善供養として、同じく松本白鸚が宗吾を演じている(ほかに前進座が創立七五周年記念公演で『佐倉義民伝』をかけている)。

それはともかくとして、明治に入っても『佐倉義民伝』が人気のある演目であったこと、とりわけ明治二〇年代から大正期にかけてがそのピークであることがわかる。

私が観た一九九八年のときの台本があるので、それに拠りつつ、物語を簡潔に述べてみよう。下総国佐倉(現千葉県佐倉市)では、飢饉続きで、しかも藩主堀田上野介の側には「悪臣佞臣はびこりて」重税をかけたため「飢死《うえじ》ぬ者も数知れず」という状況であった。庄屋の木内宗吾《きうちそうご》は、先に訴訟して投獄されている義父に続き、百姓の意を汲んで藩に訴えるも、聞き入れられず、民はいよいよ困窮した(序幕)。

将軍に直訴するしかないと思いたった宗吾は、妻子に別れを告げるために帰郷しようとする。

川の渡し守の甚兵衛が、日暮れに舟を出してはいけないという藩の命令を破って、宗吾を渡してくれた(二幕目)。妻と四人の幼子との別れの場面。「去り状」を出した宗吾に対して、妻のおさんが、「夫が罪を受くるなら、女房のわたしも共々《ともども》に」と泣いて拒んだ(三幕目)。宗吾は上野寛永寺で将軍家綱に直訴。訴状は届いたが、宗吾は囚われる(四幕目)。宗吾の叔父、仏光《ぶっこう》寺《じ》光然《こうねん》は、藩に宗吾一家の命乞いをし、仏にも祈念していた。ところが、宗吾夫妻の目の前で四人の子どもが首を斬られ、宗吾夫妻も獄門にかけられたという知らせを聞いた光然は、怒り狂い堀田上野介を呪い、仏道を捨て魔道に落ちていった(五幕目)。

上野介の寝所に、宗吾夫妻と、狂い死にした光然の亡霊が現れる。「民百姓のそのために、直訴なしたる我が一念、いつの世にかは尽くべきぞ」と述べる宗吾を、上野介は刀を振るって切り払う。こうして上野介は狂乱していく(六幕目)。

舞台は「大詰　東勝寺《とうしょうじ》宗吾百年祭《そうごひゃくねんさい》の場」となる。上野介が改易され、堀田家は佐倉から離れていたが、幕府老中の堀田正亮《まさすけ》(一七一二―一七六一、正信の弟である正俊の子孫)が佐倉藩に移封された。宗吾の死から一〇〇年。東勝寺で行われた追善供養に藩主正亮が参加し、宗吾の霊を祀ってくれた百姓に礼を述べる。正亮の命で新たに「宗吾霊堂」が建てられることになり、「重ね重ねの御仁政」、「何とお礼を申しましょうやら」、「開く桜も寿《ことほ》ぎて」、「堀田のお家も万《ばん》

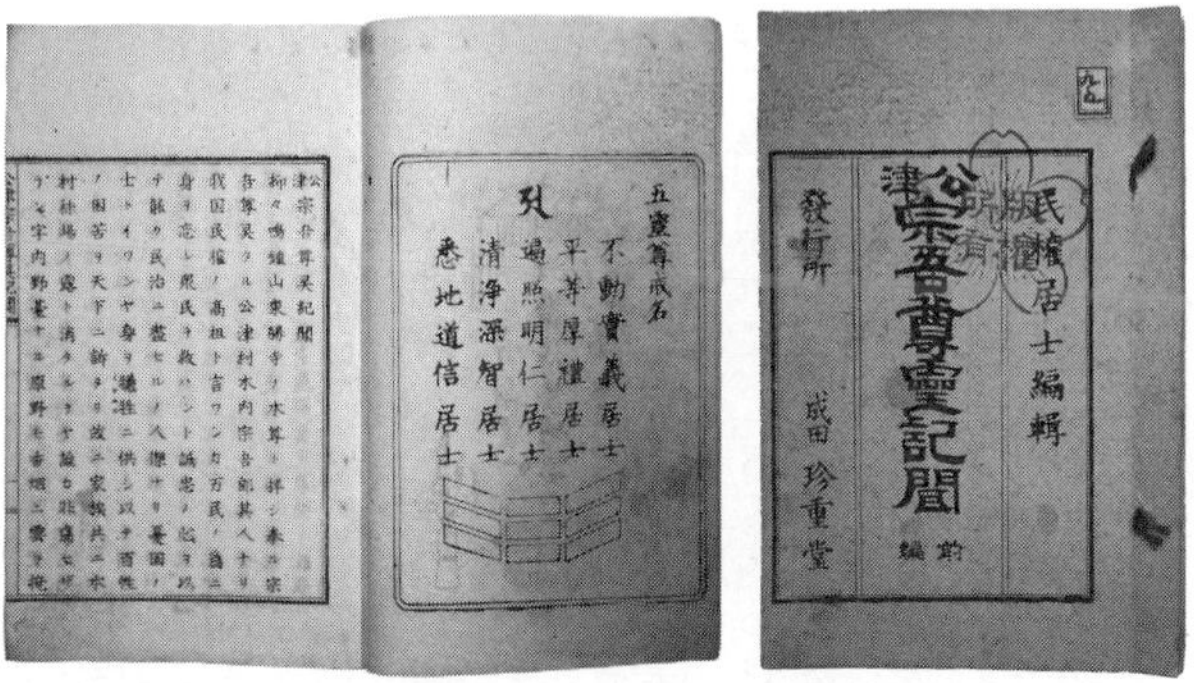

図 31　民権居士編輯『公津宗吾尊霊記聞』(明治 25 年〔1892〕成田珍重堂発行，若尾政希蔵)
惣五郎を「我国民権ノ高祖」，すなわち民権家の先駆と位置づけている．

代《だい》不《ふ》易《えき》」と、仁政が回復するところで、幕引きとなる。

実は、最後の「大詰」は、一九三〇年新宿新歌舞伎座での上演以来演じられることがなく、その内容がわからなくなっていたのを、戸《と》部《べ》銀作《ぎんさく》が関連史料を博捜して補綴《ほてい》し、約七〇年ぶりに復活させたものである。私の手元にある作成年代不詳の写本『宗五《そうご》由来記《ゆらいき》』でも、「法田相模守政亮」(堀田正亮)が「一社」を建立し、「宗五大明神とあがめ給ひ」、祭礼を行ったところ、「御領主の御武運を祈り下民の繁昌五穀成就国を守る神と」なったと述べて、物語を締めくくっている。一揆物語の仁政回復のプロットを踏襲した、その意味では妥当な補綴だといえよう。

ちなみに、この舞台で、宗吾、光然、堀田上野介、宗吾の子孫利《り》右《え》衛門《もん》の四役を一人で演じたのが、二代目中村吉右衛門であり、いまも思い出すほどの名演であった。

馬場文耕は、宝暦六年（一七五六）に著した『当時珍説要秘録《とうじちんせつようひろく》』において、やはり堀田正亮が「佐倉宗吾の宮」を建立したことを記している。文耕はいう。佐倉藩には平将門《まさかど》ゆかりの将門山《やま》がある。あるとき堀田正信は、自分の「家士《けいし》」と「争論」した「大佐倉町の庄屋大友宗吾」を、「不届なりとて」この山で磔にしてしまった。「いか成憎しみにや有けん」、宗吾だけでなく、その「徒類（親族）を悉く磔に行ふ」。「宗吾が伯父、同国仏順寺といふ寺の弟子にて沙門たりし」者を斬罪にしたときに、その「沙門」（僧侶）は僧侶を殺す大悪人の家は必ず亡ぶと罵って死んだ。

「果して」正信は乱心を起こし、所領を没収され死んだ。正信が国を立ち退くときに、宗吾の亡霊が現れて、「さも嬉しげに」馬を引いたという。それから長い年月が経ち、佐倉城主になった堀田正亮が宗吾の霊を祀り、「宗吾の宮」を建てたのだと述べて、文耕は「さもおそろしき事也」と締めくくっている。

前章で述べたように、郡上一揆に関心を寄せその物語を書いた文耕であるから、宗吾が将軍に直訴したというような話を知っていれば、当然、それについても触れたはずであろう。それが、「家士」と「争論」に及んだとだけ記していることから、この時点ではまだ将軍に直訴したというような物語はできていない可能性が高い。その一方で、文耕が指摘している、正信により宗吾も家族も処刑されたこと、伯父の僧侶が怨みを持ったこと、宗吾の亡霊が現れ正信に取り憑いたことは、いずれも、のちの惣五郎の物語に引き継がれており、興味深い。

百姓が一揆物語の主人公に

ところで、佐倉惣五郎の義民物語がかたちづくられる一九世紀半ば以前に、百姓が主人公となる一揆物語はなかったのであろうか。

第四章に掲げた「百姓一揆物語年表」から探してみると、津山藩山中一揆を描いた⑥『美国四民乱放記』が、仲間村徳右衛門を天草四郎の孫だとして、その活躍を記していたが、まだ徳右衛門物語と呼べるほどではない。

それに対し、寛延信達一揆を描いた⑬『伊信騒動記』は、一揆の「張本」たる長倉村彦内が山王権現からご託宣を受けたという夢見を語り、集まった百姓らに感銘に与え、一揆に向けてのムードを高めた。それは、作者をして楠正成の謀略を思い起こさせるものだったという。この一揆が「伊達彦内騒動」と呼ばれていることからもわかるように、彦内の存在感は大きい。『伊信騒動記』は作者がわかっている数少ない一揆物語で、桑折《こおり》代官所の元手代で一揆が起きたときに手代に復帰していた堤《つつみ》三《さん》右衛《え》門《もん》が宝暦六年(一七五六)に書いたものである。彼は『伊信騒動記』において、自らが一揆を終熄させるために大きな役割を果したと述べている。

それによれば、三右衛門は信夫・伊達両郡の名主に教諭する一方で、一揆の張本たちに向かって「天晴汝等《あっぱれなんじら》こと二勧善懲悪の理を悟り、智勇兼備の義農なりと称嘆」して説得し、ようやくにして一揆を終わらせた。彼は、代官の神山三郎左衛門に対しても手厳しく諫言を行ったとも書いている。一揆がおさまって後、彦内は死罪の上、首を獄門に掲げられた。他に四名が死罪、三名が追放されたという。

三右衛門はさらに、一揆の後日譚を記している。まず、神山三郎左衛門が代官を辞し江戸に向かう途中、彦内の首がかけられた場所を通りかかったとき、「彦内が死首忽《たちま》ち両眼活《かっ》と見開き」神山をにらみ、また夜には神山に食いつかんとした。彦内の怨霊に取り憑かれた神山は狂気し、江戸到着後まもなく死んでしまったという。他方、代官の元締の土屋恵助は「浪人」して江戸に住むも、妻が病死し、自身も重い病気になったという。三右衛門はいう。「倩《つらつら》思ふに神山は彦内が怨霊に取殺されしと雖《いえど》も、神山を亡ぼすものハ神山也」。神山は、本来は「仁徳」をなすべきだったのに、佞人《ねいじん》土屋恵助を重用し、民を貪ったのだと厳しく批判して、物語を締めくくっているのである。

百姓が怨霊となり領主に取り憑くという話は、佐倉惣五郎の物語と類似している。佐倉惣五郎の物語ができる前に、一揆の指導者が刑死の後、怨霊になるという話が作られていることがわかる。『太平記』巻二三に、楠正成を死地に追い込んだ大森彦七《おおもりひこしち》が、正成の怨霊に悩まされ錯乱状態になる話があるが、おそらく、それに依拠したものであろう。

『渡辺土平治騒動記』の場合

天明七年(一七八七)一二月、相模国津久井《つくい》・愛甲《あいこう》郡幕府領(現神奈川県相模原市ほか)で酒屋等に対する打ちこわしが起きた。これは、その指導者の名前をとって「土平治《どへいじ》騒動」と呼ばれている。牧野《まぎの》村土平治らは、米穀を買い占めた町人と酒造人の家宅を打ちこわしたのであるが、その顚末を叙述した一揆物語㊵『渡辺土平治騒動記』は、ヒーロー土平治物語(英雄譚)とでもいうべきものである。

それによれば、土平治は、北条氏の一族で三増《みませ》の城主渡辺河内守義政《わたなべかわちのかみよしまさ》の子孫で、落城の際に百姓になったという。智仁勇の「三徳そなハりし土平治殿」と仲間からも一目置かれる人物であった。土平治らは、百姓が飢饉で苦しんでいるなかで、「万民之くるしみもかへりみざる」欲深な米商人・酒造人らの所業を幕府に訴えるために、打ちこわしをはじめた。

幕府が派遣した青山播磨守・奥秋越後守《おくあき》に捕縛された土平治は、どうしても訴えたいことがあったため命は無きものと覚悟して徒党したのだと語り、懐中より「書付」を出して訴えた。そこには、徒党に至った経緯と、米を買い占めた町人・酒造人の名前等が書き込んであった。それを読んだ二人の幕府役人は、老中に申し上げ評議させると約束したという。これを見聞した人々は涙を流し、土平治らの活躍により、「のどけき春の雲、民もゆたかに」暮らすことができ、「天下泰平国家安全」に治まったと「世上の人」が「評判」したと記して、この物語を締めくくっている。

なお、物語には書かれていないが、土平治ら三名の指導者は江戸で死罪に処せられ、一方で襲われた酒造人らも幕府の酒造制限に違反したとして処罰されたという。

義民とは何ものか

以上のように、一八世紀半ば頃から、百姓を主人公とした新しいタイプの一揆物語が作られたことがわかる。彦内も土平治も、現代では義民として地域社会において顕彰されている。保坂智は、こうした「後世、人物の活動を中心に物語、伝承として伝え」、かつ「その業績を顕彰」されている者を「義民」と定義し、『近世義民年表』を編んだのである。同書には、義民をうみだした五七二件の事件（百姓一揆や騒動など）を挙げるとともに、二〇〇〇名近い義民を収録している。

保坂は、日本各地に伝わる義民の物語にはいずれも、『佐倉義民伝』の影響を看取できるとしている。現行の義民物語は、一揆発生当時から人々がひそかに伝承してきたものではなく、『佐倉義民伝』に刺激されながら、それぞれの地元に存在していた伝承を加味しつつ、物語化していったものだと述べているが、私もそのとおりだと思う。

歌舞伎『佐倉義民伝』は、興行がはじまった嘉永四年（一八五一）から、二〇世紀の半ばまで盛んに上演された（先の図30参照）。なお、これはあくまでも江戸（東京）、大坂（大阪）、京などでの上演数にすぎない。他にも、各地を巡回する旅芝居や、地域住民による地芝居《じしばい》においても、取り上げられたことだろう。それらについては統計がないが、日本の津々浦々で『佐倉義民伝』が演じられていたと推定される。くわえて、講釈師による講談としても広がっていた。さらに、『佐倉義民伝』は書物として読まれたことも忘れてはいけない（というよりも、もとは書物があってそれが歌舞伎となったのであるが）。

古谷道庵《ふるやどうあん》（一八一八―一八七八）は、長門国西豊浦郡宇賀本郷村《にしとようらぐんうかほんごうむら》（現山口県下関市豊浦町宇賀本郷）で村医者をしていた人物である。彼の日記『古谷道庵日乗《にちじょう》』には医療や読書、また世事が書き込まれているのだが、そこに、『佐倉惣五伝《さくらそうごでん》』という書物が出てくる。

万延二年（一八六一、文久と改元）二月一八日に、話をしに来た力増屋《りきますや》寿介《じゅすけ》とお酒を飲んで、その後、「寿介、下総の『佐倉惣五伝』を読む。余は臥《ふ》して之を聞く」と、寿介に読ませて横になって聞いたという。その一〇日余り後には、今度は道庵自身が「夜、妻・妹の為に『佐倉物〔ママ〕五伝』を読」んでいる（同二月二九日）。この頃には、惣五郎の義民物語が本州の最西端にまで

図32　各地に残る義民顕彰碑（若尾政希撮影）
（上）彦内霊堂と義民彦内之墓（福島県伊達市福源寺境内）
（下左）三浦命助之碑（岩手県釜石市栗林町）．嘉永6年（1853）陸奥国盛岡藩で起きた三閉伊一揆の指導者を顕彰．
（下右）万石騒動三義民の墓と二百回忌顕彰碑（千葉県館山市国分寺境内）．正徳元年（1711）安房国安房・朝夷郡の幕領で起きた訴願の指導者を顕彰．

及んでいたことがわかるのである。

このような惣五郎ブームのなか、日本の各地で、〝おらが村の義民〟を掘り起こし、顕彰する活動が盛んとなり、一揆等で非業《ひごう》の死を遂げた人物に光りが当てられ義民となっていったのではないかと推定されるのである。保坂も述べているが、日本が近代化・資本主義化していくなかで、危機を迎えていく地域社会が、義民を必要としたのである。そのことの意味を説き明かしていくことが必要であろう。

「悪党」とは何ものか

一九世紀に、百姓一揆の作法や行動様式から逸脱する行為をする「悪党」と呼ばれる人々が登場することについては、第二章で見たとおりである。では、悪党は、一揆物語にどう叙述されるのか、悪党登場により一揆物語は変わったのか、見ていきたいと思う。

文政六年(一八二三)五月、紀伊国和歌山藩領紀《き》ノ川《かわ》流域で打ちこわしが起こっており、紀州一揆とか「こぶち騒動」とか呼ばれている。「こぶち」とは、「こぼち」「こぼつ」、すなわち打ちこわしの和歌山方言から付けられた名称である。一揆勢は、大庄屋の居宅等を打ち潰しつつ和歌山城に向けて進行、城下の入口の地蔵の辻(現和歌山市中之《なかの》島《しま》)で鉄砲で武装した藩兵と対峙し、年貢の減免や商品流通を統制する御《お》仕《し》入《いれ》方《かた》役所の廃止などを要求した。藩側が要求を受けいれたため、一揆勢は帰村した。その後、藩側は一揆の指導者を捕縛し三三名(三二名とも)が死刑に処せられた。この一揆が原因で藩主徳川治宝《はるとみ》が責任を取らされ隠居したという。

『編年百姓一揆史料集成』には、『乱妨蜜記《らんぼうみつき》』と[53]『南陽夢一揆《なんようゆめいっき》』という二つの百姓一揆物語を載せているが、ともに「悪党」とレッテル貼りされている者が出てきている。悪党という言葉が出てくる一揆物語の、もっとも早い時期のものである。たとえば、『乱妨蜜記』では、有《あり》田《だ》郡小豆島《あずしま》村(現和歌山県有田市)の長四郎《ちょうしろう》が「梟首《きょうしゅ》」(獄門)に処せられたことを記すが、長四郎の人となりについて次のように述べている。「長四郎ハ壮年之比《ころ》より之悪党者」で、氏神の祭礼の「神輿《しんよ》渡御《とぎょ》」(みこしの進行)の邪魔をしたり、なにごとにも「悪事を企《くわだて》候頭取」をしてきたもので、近郷で憎まぬ者がなく、人に避けられるのをよしと心得、「益《ますます》悪事増長して」、一揆の発頭人となったのだという。

もう一方の『南陽夢一揆』は、六六歳の重栄《〔しげよしカ〕》という百姓が書いたものである。その末尾で次のようにいう。

悪党共我《わが》大将ニ相成《あいなり》無法ヲ言募《いいつの》り、其《その》おそろしき事言語ニのべがたし、其時中々一飯も安楽ニ喰《くう》事難成《なりがたく》、誠に上々様御影《おかげ》ニて治世の難有《ありがたき》ヲ子孫ニ知らしめんためニ、即《すなわち》重栄六拾六歳眼前見知之《がんぜんにこれをみしり》、且《かつ》所々の取沙汰《とりざた》聞書写し置《おく》もの也、

「悪党」どもが我が大将となって無法なることを言い募り、言葉にできないほど恐ろしく、食事もとれないほどであったという。重栄は、今回の百姓一揆が悪党に主導されたものだと断言しているのである。

さらに重栄は、悪党が庄屋や米屋などを打ちこわすさまを描写し、「天罰近きにありと今に思ひ知るべし」と述べる。一揆が終熄した後に、次々と捕縛されていく悪党について、「数代国主の御恩」によって「泰平の御代《みよ》」がつづき「妻子ヲ安穏《あんのん》に養」ってきたのに、その「高恩を忘れ、土民の身として上に敵するハ天に逆《さから》ふも同じ事」だと批判する。領主への恩義を強調して、それを子孫に知らしめるために、眼前に見たこと聞いたことを記しておいたのだと主張するのである。

百姓的世界の分裂

重栄は、あくまでも領主への恩義を強調する立場から、一揆の指導者たちに「悪党」という

レッテルを貼り、自分たちとは異なる存在だとして排除している。百姓の世界が分裂・分断している様相を、ここに読みとることができるであろう。

面白いのは、重栄が、『南陽夢一揆』のなかで藩の評議を紹介していることである。「此度《このたび》の騒動国中百姓一揆と披露」したら、「公辺」(幕府)から「御咎メ」が下るだろう。いっそ、「他国より盗賊共多く入込村々百姓共を劫《おびや》かし」たために起きた「騒動」だとしてしまえば、「少しハ後難も軽からんか」と評議したという。そこで藩側は、表向きは「盗賊共召捕《めしとらえん》と言《いい》なし」て、「一揆張本頭取ノ者共」の「吟味」を開始し、藩外に逃亡した「悪党共」を捕らえて牢に入れたという。つまり、重栄ら百姓も、藩当局も、このたびの一揆は悪党の仕業だとすることによって、もとの仁政的秩序、領主への信頼感からなる秩序に戻そうとしているといえるのである。

白川部《しらかわべ》達夫《たつお》は、一九世紀に入ると百姓的世界が解体しはじめ、その結果、民衆蜂起の担い手としての「窮民《きゅうみん》」(困窮した民)が登場し、富裕者を対象とした打ちこわしが高揚していったと指摘している(「世直しの社会意識」)。百姓が一体となって、領主に仁政を求めるというような惣百姓的蜂起は、影をひそめてしまうのである。

幕末の武州世直し一揆は、慶応二年(一八六六)六月に、江戸城のある武蔵国で起き、十数万の窮民が参加した広範囲で大規模な一揆である。幕府は鉄砲隊で迎え撃ったのだが、村々でもこの一揆から村をどう守るかが大きな関心事となり、農兵を組織したところもあった。すなわち世直し一揆に参加する者たちと、一揆から村を守ろうとする者たちとに完全に分裂しているのである。

興味深いのは、悪党というレッテルを貼られた者の場合、獄門にかけられて非業の最期を遂げたとしても、義民として祀られていないということである。これは当然だと思われるかも知れないが、少し怖いことのように、私には思える。

もう一つ指摘しておきたいのは、百姓的世界が分裂している状況で、『佐倉義民伝』の影響を受けて、村役人が百姓を代表して直訴するという義民の物語が、日本各地で大量に作られたことの意味である。現実には分裂状況にあるがゆえに、かつては一体的な百姓的世界があったのだとして、村役人が命をかけて村を守ったという代表越訴的な一揆の物語が求められたのではないか(第二章参照)。いわば百姓を一体のものとしてつなぎ合わせるために、義民を主人公とした一揆物語が作られたと言えよう。

2 「仁政」のゆくえ

吉宗の仁政

一揆物語のなかでは、領主への恩義が維持されているのを見てきたわけだが、現実の「御恵」「仁政」はどうなっていったのかについて、最後に少しだけ触れておきたい。

一七世紀を通じて一般化した、仁政を施して民の生命を安んじる領主像は、一八世紀前半の将軍吉宗の時代にも継承されていく。一八世紀初めは疫病が流行したため、吉宗政権は医薬政策を推進した。これは、仁政の新たな戦略として打ち出されたものであり、吉宗は、まず医療により民を恵む仁君という新たな相貌を見せることになった。あわせて注目されるのは、その政策の柱に、医薬書『普救類方《ふきゅうるいほう》』の作成と出版(享保一四年〔一七二九〕官版)が位置づけられていたことである。

実は、医薬書に限らず、吉宗政権は書物の効用を意識した政治を行っている。有名な『六諭《りくゆ》衍義大意《えんぎたいい》』の出版もこの政権の事績である。「六諭」とは、明の太祖《たいそ》が発布した六カ条の通俗的な道徳である。これに解説を施したのが『六諭衍義』(范鋐《はんこう》著)であり、琉球の程順則《ていじゅんそく》が一七

○八年に中国の福州で翻刻したものが、薩摩藩主島津《しまづ》吉貴《よしたか》を経て吉宗に伝えられた。吉宗は荻生徂徠に命じて訓点を付けさせ、室鳩巣に和解《わげ》を作らせ、享保七年(一七二二)に官版で出し、寺子屋の師匠たちに頒布したという。

『仁風一覧』出版の余波

また、享保一七年(一七三二)の飢饉の際、幕府は高札を建てて触れを出した。すでに「御料《ごりょう》所《しょ》百姓共」に「夫《ふ》食《じき》米」を「貸渡」す等の御救を行ったが、このままでは餓死者が出てしまうので、民間の富裕者に施行《せぎょう》(「合力救《ごうりききゅう》」)を行うようにと命を下したのである。その末尾には、「合力救など仕　候《つかまつりそうろう》もの有之者《これあるは》、名主庄屋等随分無油断遂吟味《ずいぶんゆだんなくぎんみをとげ》、其段後日御代官　并《ならびに》　支配所江可《へもうし》申出者也《いだすべきものなり》」と、施行をした者があれば、名主・庄屋等は吟味して、後日その名前を届け出るようにとも述べている。

この触れを受けて、京・大坂をはじめとした大都市の富裕町人が金銀・米穀を出し合い、飢《き》人《じん》施行を行った。将軍吉宗はこれを褒賞し、享保一九年に施行者の名前などを記した『仁風一《じんぷういち》覧《らん》』を官版で出した。これは、災害時の救済がこれまでもっぱら領主層の責務と見なされていた状況を大きく変容させ、民間の富裕者もその担い手であるという新たな政治常識を作り上げたという点で、画期的な意義をもったのである。その後、都市では富裕な民間人による施行が組織的に展開されていくことになる。

『仁風一覧』の「序」によれば、「仁風」とは、将軍の「仁風《めぐみ》」(=仁政)のことである。富裕者による施行も、将軍の風化(教化)によるものだとして、この書名を採用したのだという。「仁風」の語は、その後も、天保の飢饉時の『仁風便覧《じんぷうびんらん》』、嘉永期の『仁風扇《じんぷうせん》』、慶応期の『仁《じん》風集覧《ぷうしゅうらん》』と引き継がれていくのである。仁風というイデオロギー的粉飾をはぎ取れば、将軍・領主による仁政だけでは凶作飢饉の状況を乗り切れないという現実、それを補完するものとして民間の富裕者による施行が比重を増してきている現実が見えてくる。

さて、こうした事例からもいっそう明らかなように、吉宗は書物を政治に利用している。書物の出版・頒布がもたらす社会的効用を意識して、政治を行っているのである。これを、「書物による仁政」と言ってもよいであろう。

ただし、これをもって吉宗政権の先進性を評価するのは妥当ではない。なぜなら、医薬書出版政策が可能となったのは、地域社会に医薬知識を集積している人々がいて、その受け皿になり得たからである。『六諭衍義大意』の出版・普及についても、民間の寺子屋師匠にそれに呼応する者があってこその政策であった。書物を読み、その知識を使いこなす力量が民間に蓄えられていたから、政策として実行に移すことができたのである。民間の富裕者による「合力救」の政策も、これと同様である。

「御救」政策の転換

大友一雄や福田千鶴が指摘しているように、享保期は、幕領だけでなく藩領においても、領主が、民間の富裕者の負担を組み込んだ「御救」へと、政策を転換させはじめた時期である。その路線を全面的に推進し、民間による備荒貯蓄制度の全国的展開を進めたのが、一八世紀末の松平定信であった。

定信が寛政元年(一七八九)一月に触れ出した貯穀《ちょこく》令・郷蔵《ごうぐら》設置令は、凶作の備えとして、①村々が組合を作り郷蔵を建てて備蓄をする、②郷蔵建設資材は幕府が下賜する、③最初の三年間一定量の米を幕府が下賜する、というものである。藤田覚が的確に述べているように、幕府の財政負担は少なく村の富裕者がそのほとんどを負担する制度でありながら、必ずしも富裕者の損にはならない(『松平定信』)。「なぜならば、郷蔵の貯穀の存在は、飢饉時などに激化する村内の矛盾――それは打ちこわしや一揆などの騒動に発展しかねない――を緩和し、村の安定という効果を期待できるから」である。すなわち、貧窮にあえぐ窮民が、領主ではなく、富裕者に対して、施しを望むとともに怒りの矛先を向ける構造が、出来上がっているといえるのである。

備荒貯蓄制度が、領主と地域社会の、それぞれにとってどのような意味を持ったのか。これは、菊池勇夫が言うように、一面では、「領主による地域社会の抱き込み」であるが、同時に「地域社会が行政的な危機管理能力を備えていく」プロセスでもあると、両側面から意義づけることができる(『飢饉から読む近世社会』)。領主の「御救」の後退に、近世社会の行き詰まりを指摘する(すなわち近代社会の起点をみる)松沢裕作の議論も首肯できるものであろう(『明治地方自治体制の起源』)。

秋田藩での事例

感恩講《かんのんこう》(「かんおんこう」とも)は、八代目那波《なば》三郎右衛門《さぶろうえもん》(祐生《すけなり》、一七七二―一八三七)を中心とする秋田藩の城下町久保田(現秋田市)の七二人の町人が、文政一二年(一八二九)に、秋田藩に請うて創った窮民・孤児の救済のための組織である。藩に多額の献金をして知行地を購入し、その知行地の年貢収入を備荒貯蓄に充てるもので、天保の大飢饉に際しては、延べ四三万人に対して施行を行ったという。

本来であれば幕藩領主が対応すべきはずの貧民救済を行う組織が、民間に創られ、機能している。三郎右衛門らが文政一二年に藩に提出した趣意書が、天保五年に藩に提出した文書に収められているので、その一部を引用してみよう。

> 感恩講企《くわだて》候発端者《は》恐多も御国恩之寸志奉報度《むくいたてまつりたく》人々江論候《えろんじそうろう》趣旨《しゅし》者《は》、凶災之被為在御《きょうさいのおそなえあらせら》備《れ》、平年窮民御救之御備未ダ不被仰出故《おおせだされざるゆえ》、何卒《なにとぞ》年々永久之施行備《せぎょうそなえ》建立致御足目《おんたしめ》ニ相添奉指上《さしあげたてまつり》候ハバ、豊凶とも御全備《ごぜんび》被遊《あそばされ》、余国ニおゐても無並《ならびなき》御仁政与《と》可奉仰《あおぎたてまつるべし》（下略）

「御国恩」に報いたいという思いから、感恩講を設立したい。凶年の際の藩の「御救」については準備されているが、「平年」（普通の年）における窮民への「御救」の「御備」についてはまだ命じられていない。感恩講が設立できれば、領主の窮民救済の「足目」（補助）にもなるという。また、豊凶とも「御救」が完備すれば、他国に並びなき「御仁政」が実現できるとも述べている。

三郎右衛門らは、別の箇所でくり返し領主の「御仁恵」はありがたいと述べているが、この趣意書から読みとれるのは、むしろ、民間富裕者による救済がなければ十全たる「御仁政」が成し遂げられない現実である。秋田では、一九世紀の初めに仁政観念が変容したことを確認できるのである。実際に天保の飢饉下で感恩講が窮民救済に大きな役割を果たしたことに鑑みれば、すでに領主の「御救」「御仁政」が名目化していることに気づかされる。

「御仁政」といいながら、その実質は富裕者による救済だとすれば、本書でくり返し論じてきた仁政イデオロギーは、ここでいっそう、内実をともなわない名目上のものとなっているといえるのである。とはいえ、理念的であるにせよ、民間の富裕者による救済も含めて依然として「御仁政」と呼ばれていたところに、この時代の政治常識のありようがよく現れているともいえよう。

顕彰という施策

このように、仁政は近世を通じて領主の責務とされていたが、財政が逼迫する状況で、実際の「御救」機能が地域・民間社会に丸投げされていくのを看取できる。もう一つ指摘すべきは、孝子《こうし》・節婦《せっぷ》など奇特なる者(以下、「孝子等」)への褒賞である。

これは、懐徳堂《かいとくどう》の中井《なかい》竹山《ちくざん》(一七三〇―一八〇四)らが、一七七〇年頃から、孝子等を顕彰するように領主に働きかけるとともに、その次第を書物として出版したのが初めである。その後、孝子顕彰運動は瞬く間《またたくま》に全国化していった。各地の知識人(地方文人)らが地域社会の孝子を探し出し、その評伝(孝子伝)を書いて顕彰する運動を一斉にはじめ、地域社会でも村役人たちが積極的に孝子を領主に届け出た。このような運動が日本全国の津々浦々で見られるようになったのである。

くわえて、こうした下からの動向に即応するように、上でも領主・為政者層が孝子等の褒賞に積極的に乗り出していった。たとえば、前述の秋田藩でも、文政一一年に孝子・節婦の顕賞を行っている。これについて、先の感恩講趣意書に、「窮民而已《のみ》ならず、孝心貞節ニ至ル迄」「御賞并ニ御施被下《くだされ》」、「御仁恵誠ニ冥加ニ余リ無勿体重畳《もったいなくちょうじょう》難有奉存候」と、領主の「御仁恵」だと評価している。

さらに、松平定信がこれを政策化して、寛政元年(一七八九)に、「孝行また奇特なる者」の事績の書き上げを日本全国に命じた。それは後に『官刻孝義録《かんこくこうぎろく》』(享和元年〈一八〇一〉刊行)として結実する。

孝子として顕彰された者は、いずれも窮民であった。たとえば、困窮の淵に沈みながらも懸命に働き、自己を犠牲にして父母に孝行する幼気《いたいけ》な子どもを領主が褒賞することにより、こんな貧しい民にまで、領主のあたたかい眼差しは届いているのだと領民を感激させ、自分もそれを真似ようと思わせる。竹山は、領主が孝子に褒賞を付与することが、褒賞された者のためになるだけでなく、「御領内の風儀」を引き立て、「諸事御憐愍《ごれんびん》之御政道之御助」にもなると、的確に指摘している。まさしく、領主の仁政を補助するものなのである。

よく知られていることであるが、維新後、天皇が東京に行幸する際に、沿道の孝子・節婦に褒賞しているが、これは仁政の担い手が幕藩領主から天皇に替わったことを示すものだったのである。

3　近世史研究のゆくえ

百姓一揆を語ること

本書をここまで読んでいただいてお礼を申し上げたい。百姓一揆を主題としながら、近世社会とは何かを論じたりして、いったいどこに行くのかとお思いになった方もおられるかも知れない。軍書や『理尽鈔』、近世に花開いた出版文化について論じた箇所では、いつ百姓一揆に話が戻るのか、横道に逸《そ》れているのではと、お思いになったかも知れない。

それもこれも織り込み済みで、一見、迂遠に見えるかもしれないけれど、百姓一揆は何かという課題は、近世社会とは何か、近世の人々は何を考えていたのか、などという問題と密接にかかわりあっているという考えから、本書のような内容になった。ときに、もたもたしていて何を論じているかわからないとお思いになったとすれば、それは私の筆力・叙述力が至らないからである。御寛恕願いたいと思う。

「はじめに」で、百姓一揆を「非日常」として、「日常」と切り離すことに、私が違和感をもっていると述べた。本書で述べたように、近世日本は訴訟が普通に行われた社会である。領主に対する仁政的な恩義関係のなかに生きている人々にとって、困ったときに領主は救ってくれるはずだと考え、そのために訴訟するのはあたりまえの日常的なことであった。ところが、領主側と百姓側の対応が、なんらかの理由でうまくいかないときに、百姓は強訴へと進むのであるが、この段階でも領主側がしかるべき対応をすれば、大きな騒乱にならず、犠牲者も出さずに穏便に済ますことも可能だったのである。

本書では、これまでの歴史研究で史料として扱われてこなかった百姓一揆物語を読み込んできた。なぜ、一揆が物語というかたちで叙述されたのかという問題に関しては、その前提として日本近世という時代の歴史叙述のあり方全般をも俎上に載せることになった。

一揆物語を読んでいくと、それが、どういう立場からいかにして作成されたのかがわかってくる。一揆物語に織り込まれた、利害が対立するさまざまな人々の関係性――その史料がもつ磁場――を明るみにして、どういう立場の人が何を意図してこの物語を作ったのかを読み解いていく。そうすることによって、領主層から民衆までのさまざまな人々の意識・思想のありようを解明できるし、彼らの相互の関係性、葛藤と協調の諸相を描くことができると私は考えている。一揆物語は、そのような読み解きが可能な貴重な史料であることを、あらためて強調しておきたいと思う。

変革主体から「自己形成」の主体へ

第一章で述べたように、かつて近世史研究において「主体」といえば、「変革主体」を指すのが一般的であった。だが、主体という概念を、変革する主体、あるいは異議申し立ての主体、抵抗の主体にのみ限定してしまうのは、現代という時代の問題感覚にもあわないし、研究の対象と可能性を狭めてしまうことになり、もったいないように思う。

むしろ近世社会において、領主から民衆までの社会各層に、さまざまな主体が形成されている――たとえば領主層は、幕府との関係や対民衆、対家臣の関係のなかで、自己形成を行っていった――ことを認め、その上で、社会各層の諸主体の関係性を問うほうが、研究の新しい可能性をひきだすことになると私は考えている。本書において、書物を読むことを通じて、知をはぐくみ自己形成する主体を描いたのも、そのような意図からである。

いうまでもなく、このような自己の主体形成という問題は、近世の人々だけを対象としたものではなく、二一世紀の現代を生きる私たちをも射程に入れたものであることも述べておきたいと思う。私たちも、「自己形成」の主体なのである。

この自己形成にかかわって、先に私は、近世の人々が思想形成に際して、「天地自然はどのように形成されてきたのか、人は(私は)どこからきて、何をすべき存在なのか」というコスモロジー的な裏づけを求めたようだ、と書いた(第五章)。そこでは述べなかったが、このコスモロジーは、安丸良夫のいう通俗道徳論と密接につながっている。安丸は『日本の近代化と民衆思想』において、近世中後期から近代を生きた人びとが、勤勉、倹約、孝行、忍従、正直……などの通俗道徳により自己を律したと指摘したが、実はその自己形成を裏支えしていたのが、天地のコスモロジーなのである。試みに「天道」の頭に「御」を付け、下に「様」を付けると、「御天道様《おてんとう》」となる。「御天道様は見てござる」とか、「悪いことをすれば御天道様に筒抜けだ」、あるいは「御天道様に恥じない行動をしなさい」などと年輩者に言われたことがある方もおられると思う。

近世から近代に使われた御神籤《おみくじ》の文言にも、個々人の運命を左右するものとして天道が出てくる(大野出『元三大師御籤本の研究──おみくじを読み解く』)。たとえば、

凶　此みくじにあふ人ハ天道八まんをいのりてよし

この御神籤を引いた人は「凶」だが、天道と八幡菩薩を祈れば好転するのだ、と。

天道は、近世的世界において重要な役割を果たしていたが、実は現代の私たちをも規定している可能性もあるといえよう。通俗道徳がそうであるように。

通念・常識を問う歴史学

私は歴史学の講義をするときに、私たちがいかに歴史的規定を被っている存在なのか(「歴史的社会的被拘束性」)を話すことにしている。その際問題になるのは、「通念」「常識」(あるいは「伝統」もくわえておこう)などと呼ばれているものの存在である。この言葉が出てくると、私たちはそこで思考を止めてしまい、無意識にそれに従ってしまう。すなわち、通念や常識は私たちを支配し、束縛しているのである。

だが、いうまでもなく通念・常識は、その社会のなかで歴史的に形成されてきた歴史的産物である。さらに、そうした通念・常識を身にまとって生きている私たち自身も、現在《いま》という時代の政治的・社会的・経済的・文化的関係のなかに身を置く歴史的存在である。すなわち、通念・常識に疑念を抱きそれを対象化してその歴史的由来を追跡することによって、私たち自身の生の位置と意味をとらえ返すこともできるし、私たちが生きている現代という時代――その政治や社会のあり方――を相対的(批判的)にみることができるのである。

それまでの自分から新しい自分に変わること(すなわち自己形成・自己変革)も、政治や社会をよりよく変えていくこと(政治変革・社会変革)も、通念・常識のレベルから見直し、変えていかないとうまくいかない。

本書は、日本近世の政治常識(仁政イデオロギー)に着目して、現代とは異なる政治常識がどのような過程を経て形成され社会に一般化し定着したのか、考察してきた。今後はさらに、定着した政治常識がどのように破綻していくのか、そして破綻した政治常識とどのような関わりをもって、次の時代を担う新たな政治常識がいかにして形成されていくのか、その歴史を描いてみたいと思っている。

そして政治常識と密接にかかわって、領主層から民衆まで、さまざまな主体形成が行われたのであり、それら相互の関係性、葛藤と協調の諸相を叙述できたらと考えている。

自身が一個の歴史的存在として、いかにして、どのような主体を形成すべきかという人生の切実な課題に、歴史研究は寄与できるし、寄与しなければいけない。この意味で歴史研究は、自己形成・自己変革の学問であり、政治・社会の変革の学問だといえるのである。

主要参考文献および史料

本書は，非常に多くの先学の研究成果に支えられて執筆したものである．一般書という性格上，すべての先行研究を記すことができなかった．御寛恕願いたい．

はじめに

勝俣鎮夫『一揆』岩波新書，1982 年

柳田国男「農民史研究の一部」『柳田国男全集』第 29 巻，ちくま文庫，1991 年

第 1 章

青木虹二編・保坂智補編『編年百姓一揆史料集成』第 1-19 巻(既刊)，三一書房，1979-1997 年(以下『編年一揆』と略記)

青木美智男「科学的な近世史料学の確立を」『歴史評論』289，1974 年

青木美智男「史料としての近世文芸 ──『一茶全集』(全 8 巻・別巻)を読んで」『歴史評論』409，1984 年

青木美智男『百姓一揆の時代』校倉書房，1999 年

朝尾直広「「公儀」と幕藩領主制」『講座日本歴史 5 近世 1』東京大学出版会，1985 年．のち『将軍権力の創出』岩波書店，1994 年，に所収

揖斐　高『江戸幕府と儒学者 ── 林羅山・鵞峰・鳳岡三代の闘い』中公新書，2014 年

門脇禎二・甘粕健・稲垣泰彦・戸田芳実・佐々木潤之介・江村栄一・中村政則・金原左門・松尾章一・藤原彰編『日本民衆の歴史』全 11 巻，三省堂，1974-1976 年

国立歴史民俗博物館編『「1968 年」─無数の問いの噴出の時代─』2017 年

庄司吉之助・林基・安丸良夫編『日本思想大系 58 民衆運動の思想』岩波書店，1970 年

『高等学校新日本史B 改訂版』桐原書店，1998 年

鈴木俊幸『江戸の読書熱 ── 自学する読者と書籍流通』平凡社，2007 年

辻本雅史『近世教育思想史の研究 ── 日本における「公教育」思想の源流』思文閣出版，1990 年

深谷克己「百姓一揆の思想」『思想』584，1973年．のち『百姓一揆の歴史的構造』増補改訂版，校倉書房，1986年，に所収
深谷克己「百姓一揆」『岩波講座日本歴史11 近世3』岩波書店，1976年
深谷克己『百姓成立』塙書房，1993年
深谷克己「「人民闘争史研究」という歴史学運動 ── 1970年前後の危機意識と可能意識のもとで」『歴史学研究』921，2014年
保坂　智「解説 階級闘争史から民衆運動史（社会闘争史）へ」『深谷克己近世史論集』第5巻，校倉書房，2010年
前田　勉『近世日本の儒学と兵学』ぺりかん社，1996年
丸山眞男『日本政治思想史研究』東京大学出版会，1952年
三宅正彦「朱子学・近世思想の基底」『伝統と現代』22，1973年
宮沢誠一「幕藩制イデオロギーの成立と構造 ── 初期藩政改革との関連を中心に」『歴史学研究』別冊，1973年
山本英二『慶安の触書は出されたか』山川出版社，2002年
横田冬彦「『徒然草』は江戸文学か？ ── 書物史における読者の立場」『歴史評論』605，2000年．のち後掲『日本近世書物文化史の研究』に所収
渡辺　浩『近世日本社会と宋学』東京大学出版会，1985年

大野瑞男校注『榎本弥左衛門覚書 ── 近世初期商人の記録』平凡社東洋文庫，2001年

第2章

青木虹二『百姓一揆の年次的研究』新生社，1966年
青木美智男・入間田宣夫・黒川直則・佐藤和彦・佐藤誠朗・深谷克己・峰岸純夫・山田忠雄編『一揆』全5巻，東京大学出版会，1981年
新井勝紘・岩田浩太郎・深谷克己・保坂智・藪田貫編『民衆運動史 ── 近世から近代へ』全5巻，青木書店，1999-2000年
内田　満『一揆の作法と竹槍席旗』埼玉新聞社，2017年
小川和也『牧民の思想 ── 江戸の治者意識』平凡社，2008年
久留島浩『近世幕領の行政と組合村』東京大学出版会，2002年
国立歴史民俗博物館編『地鳴り山鳴り－民衆のたたかい300年－』2000年
白川部達夫『日本近世の自立と連帯 ── 百姓的世界の展開と頼み証文』東京大学出版会，2010年
須田　努『「悪党」の19世紀 ── 民衆運動の変質と“近代移行期”』

青木書店，2002年
須田　努『イコンの崩壊まで――「戦後歴史学」と運動史研究』青木書店，2008年
須田　努『幕末の世直し 万人の戦争状態』吉川弘文館，2010年
塚本　学『生類をめぐる政治――元禄のフォークロア』平凡社，1983年，平凡社ライブラリー，1993年，講談社学術文庫，2013年
浪川健治『近世北奥社会と民衆』吉川弘文館，2005年
深谷克己「あとがき」深谷克己編『民衆運動史5 世界史のなかの民衆運動』青木書店，2000年
深谷克己監修，齋藤純・保坂智編『百姓一揆事典』民衆社，2004年
保坂智編『百姓一揆研究文献総目録』三一書房，1997年
保坂　智『百姓一揆とその作法』吉川弘文館，2002年
保坂智編『近世義民年表』吉川弘文館，2004年
八鍬友広『近世民衆の教育と政治参加』校倉書房，2001年
八鍬友広『闘いを記憶する百姓たち――江戸時代の裁判学習帳』吉川弘文館，2017年
安丸良夫「民衆蜂起の世界像」『思想』586，1973年．のち後掲『日本の近代化と民衆思想』に所収．
安丸良夫『日本の近代化と民衆思想』青木書店，1974年，平凡社ライブラリー，1999年
『安丸良夫集』(島薗進・成田龍一・岩崎稔・若尾政希編)2，岩波書店，2013年
藪田　貫『国訴と百姓一揆の研究』校倉書房，1992年．新版，清文堂出版，2016年
『歴史評論』688(特集：非暴力民衆運動の可能性)，2007年

佐藤直方談，跡部良顕手稿『韞蔵録』，日本古典学会編『増訂佐藤直方全集』第1巻，ぺりかん社，1979年／高柳眞三・石井良助編『御触書集成 第1』岩波書店，1934年／「常憲院殿御実紀」巻1，『徳川実紀』第5篇，吉川弘文館，1931年／『揖斐記』『岐阜県史』史料編 近世2，1966年／『小川氏覚書』前掲『編年一揆』第1巻

第3章

久米邦武「太平記は史学に益なし」『史学会雑誌』2編17・18・20-22，1891年
久米邦武「神道ハ祭天ノ古俗」『史学会雑誌』2編23-25，1891年
千葉徳爾『狩猟伝承研究』風間書房，1969年
永原慶二『20世紀日本の歴史学』吉川弘文館，2003年

二宮宏之「戦後歴史学と社会史」歴史学研究会編『戦後歴史学再考 ――「国民史」を越えて』青木書店，2000年．のち『二宮宏之著作集』第4巻，岩波書店，2011年，に所収
久野俊彦・時枝務編『偽文書学入門』柏書房，2004年
兵藤裕己『太平記〈よみ〉の可能性 ―― 歴史という物語』講談社，1995年，講談社学術文庫，2005年
平泉　澄「序」大野輝之編『大楠公遺訓とその精神』尚楠社，1942年
八鍬友広「近世的法秩序と目安往来物」岩田浩太郎編『新しい近世史 5 民衆世界と正統』新人物往来社，1996年
八鍬友広「訴願する実力」岩田浩太郎編『民衆運動史2 社会意識と世界像』青木書店，1999年
松沢裕作『重野安繹と久米邦武 ――「正史」を夢みた歴史家』山川出版社，2012年
柳田国男『後狩詞記』，『柳田国男全集』第5巻，ちくま文庫，1989年
歴史学研究会編『由緒の比較史』青木書店，2010年

『因伯民乱太平記』鳥取県立図書館蔵，文政13年(1830)書写本．原田久美子校訂・編『因伯民乱太平記』関西地方史研究者協議会，1953年．森嘉兵衛・原田伴彦・青木虹二編『日本庶民生活史料集成』第6巻，三一書房，1968年／『南筑国民騒動実録』久留米市立中央図書館蔵／『筑後国乱実実記』前掲『編年一揆』第4巻

第4章

井上泰至『近世刊行軍書論 ―― 教訓・娯楽・考証』笠間書院，2014年
アン・ウォルソール「百姓一揆物語の歴史的性格」『歴史評論』394，1983年
川鍋定男「百姓一揆物語の伝承とその世界像 ―― 土平治騒動記をめぐって」『歴史評論』338，1978年
長友千代治『近世貸本屋の研究』東京堂出版，1982年
橋口侯之介『江戸の本屋と本づくり ――【続】和本入門』平凡社ライブラリー，2011年
橋口によるWEBページ，成蹊大学日本文学科日本探求特別講義B「2012年後期 江戸の本づくり 第13回 江戸時代の出版統計 その取り方」
横田冬彦『日本近世書物文化史の研究』岩波書店，2018年

横田冬彦編『シリーズ〈本の文化史〉4 出版と流通』平凡社，2016年

『伝館騒動記』前掲『編年一揆』第4巻に抄録．／『武上騒動記』前掲『日本庶民生活史料集成』第6巻／『伊信騒動記』前掲『編年一揆』第4巻／『安部野童子問』前掲『日本庶民生活史料集成』第6巻

第5章

チェンドム・アンドレア「青砥藤綱像の形成 ──『太平記評判秘伝理尽鈔』と『北条九代記』の解釈を中心に」『書物・出版と社会変容』19，2015年
井上泰至『サムライの書斎 ── 江戸武家文人列伝』ぺりかん社，2007年
岩橋清美『近世日本の歴史意識と情報空間』名著出版，2010年
今井正之助『『太平記秘伝理尽鈔』研究』汲古書院，2012年
今尾哲也『吉良の首 ── 忠臣蔵とイマジネーション』平凡社，1987年
加美　宏『太平記享受史論考』桜楓社，1985年
倉員正江「兵学者伊南芳通と『続太平記貍首編』── 通俗軍書に見る当代政治批判」『近世文藝』70，1999年
白井哲哉『日本近世地誌編纂史研究』思文閣出版，2004年
高橋　修『【異説】もうひとつの川中島合戦 ── 紀州本「川中島合戦図屏風」の発見』洋泉社新書y，2007年
松澤克行「後光明天皇期における禁裏文庫」田島公編『禁裏・宮家・公家文庫収蔵古典籍のデジタル化による目録学的研究』東京大学史料編纂所，2006年

加美宏・今井正之助・長坂成行編『太平記秘伝理尽鈔』既刊4巻，平凡社東洋文庫，2002-2007年／「楠流軍法相伝起請文前書之事」『本多氏古文書等』巻2所収，金沢市立玉川図書館近世史料館加越能文庫蔵／野村豊・由井喜太郎編『河内屋可正旧記』清文堂出版，1965年初版．1988年3版．大阪大谷大学博物館編『影印河内屋可正旧記』1-3，2015-2018年／村上直校訂『新訂 民間省要』有隣堂，1996年

第6章

岸野俊彦「天保期文人の思想的世界 ── 渡辺政香と「鴨の騒立」の再検討」『歴史評論』375，1981年．のち『幕藩制社会における国学』校倉書房，1998年，に所収

倉員正江「続・百姓一揆をめぐる浮世草子 ――『農民太平記』・『百姓盛衰記』を中心に」『近世文芸 研究と評論』34, 1988 年
小関悠一郎『〈明君〉の近世 ―― 学問・知識と藩政改革』吉川弘文館, 2012 年
今田洋三『江戸の禁書』吉川弘文館, 1981 年
林基「宝暦―天明期の社会情勢」『岩波講座日本歴史 12 近世 4』岩波書店, 1963 年. のち『続百姓一揆の伝統』新評論, 1971 年, に所収.
松江歴史館編『松江藩主松平治郷の藩政改革 ―― 御立派の改革の成功』2018 年

倉員正江校訂『浮世草子時事小説集』国書刊行会, 1994 年／岡田哲校訂『馬場文耕集』国書刊行会, 1987 年／『雲国民乱治世記』前掲『日本庶民生活史料集成』第 6 巻／川嶋右次校訂『校訂 播姫太平記』播磨書史会, 1930 年／『夢物語』, 前掲『編年一揆』第 4 巻／長光徳和校注『美国四民乱放記』前掲『日本思想大系 58 民衆運動の思想』／養元「家珍草創太平記来由」・二代目養元「覚」,『太平記・神田本』国書刊行会, 1907 年

終　章

大石　学「享保改革期の薬草政策」『名城大学人文紀要』24, 1988 年
大友一雄「享保期郷村貯穀政策の成立過程」『国史学』118, 1982 年
大野　出『元三大師御籤本の研究 ―― おみくじを読み解く』思文閣出版, 2009 年
菊池勇夫『飢饉から読む近世社会』校倉書房, 2003 年
近世村落史研究会編『武州世直し一揆』慶友社, 2017 年
小林丈広「仁風の思想 ―― 近世中後期京都の救済と町」『人民の歴史学』193, 2012 年
白川部達夫「世直しの社会意識」前掲岩田浩太郎編『民衆運動史 2 社会意識と世界像』
菅野則子『江戸時代の孝行者 ――『孝義録』の世界』吉川弘文館, 1999 年
塚本　学『生きることの近世史 ―― 人命環境の歴史から』平凡社, 2001 年
福田千鶴「江戸時代前期の政治課題 ――「御救」の転換過程」『史料館研究紀要』25, 1994 年
藤田　覚『松平定信 ―― 政治改革に挑んだ老中』中公新書, 1993 年
保坂　智「義民物語の構造」前掲岩田浩太郎編『民衆運動史 2 社会

意識と世界像』のち後掲『百姓一揆と義民の研究』に所収．
保坂　智『百姓一揆と義民の研究』吉川弘文館，2006 年
松沢裕作『明治地方自治体制の起源 ── 近世社会の危機と制度変容』東京大学出版会，2009 年

国立劇場歌舞伎公演上演台本『通し狂言 佐倉義民伝 ── 東山桜荘子』1998 年／国立劇場調査養成部芸能調査室編『国立劇場上演資料集』399，1998 年／『渡辺土平治騒動記』前掲『編年一揆』第 6 巻／『古谷道庵日乗(抄)』，『山口県史』史料編幕末維新 7，2014 年／『乱妨蜜記』前掲『編年一揆』第 10 巻／『南陽夢一揆』前掲『編年一揆』第 10 巻／青木美智男監修，庄司拓也校訂『近世社会福祉史料・秋田感恩講文書』校倉書房，2000 年／中井竹山『孝子義兵衛記録』，『日本教育文庫 孝義篇上』同文館，1911 年

本書に特に関連する拙稿

「安藤昌益の病気論 ── 身体・社会・自然」『歴史学研究』639，1992 年．のち『近世の政治思想論 ── 『太平記評判秘伝理尽鈔』と安藤昌益』校倉書房，2012 年，に所収
『「太平記読み」の時代 ── 近世政治思想史の構想』平凡社，1999 年，平凡社ライブラリー，2012 年
「百姓一揆物語と「太平記読み」── 百姓一揆物語研究序説」前掲岩田浩太郎編『民衆運動史 2 社会意識と世界像』，のちに『近世の政治思想論』に所収
「享保～天明期の社会と文化」大石学編『日本の時代史 16 享保改革と社会変容』吉川弘文館，2003 年
『安藤昌益からみえる日本近世』東京大学出版会，2004 年
「『太平記』は尊皇の書か？ ── 『太平記』をして史学に益あらしめん」『歴史評論』740，2011 年
「深読みする歴史学 ── 青木美智男における文化史の発見」『歴史学研究』921，2014 年
「江戸時代前期の社会と文化」『岩波講座日本歴史 11 近世 2』岩波書店，2014 年
「江戸儒学とは何だったのか」『歴史と地理』690，2015 年
「近世後期の政治常識」明治維新史学会編『講座明治維新 10 明治維新と思想・社会』有志舎，2016 年
「「民衆」の問い方を問い直す II 日本近世史研究から」歴史学研究会編『第 4 次現代歴史学の成果と課題』第 1 巻，績文堂出版，2017 年

若尾政希

1961年，岐阜県生まれ．1988年，東北大学大学院文学研究科博士後期課程単位取得退学．博士(文学)．富山大学人文学部助教授などを経て，
現在——一橋大学大学院社会学研究科教授
専攻—日本近世史・思想史
著書—『「太平記読み」の時代——近世政治思想史の構想』(平凡社ライブラリー)
『安藤昌益からみえる日本近世』(東京大学出版会)
『近世の政治思想論——『太平記評判秘伝理尽鈔』と安藤昌益』(校倉書房)
『安丸良夫集』全6巻(共編，岩波書店)
『シリーズ〈本の文化史〉』(共編，平凡社)
『シリーズ日本人と宗教——近世から近代へ』全6巻(共編，春秋社) ほか

百姓一揆　岩波新書(新赤版)1750

2018年11月20日　第1刷発行
2022年10月5日　第3刷発行

著　者　若尾政希《わかおまさき》

発行者　坂本政謙

発行所　株式会社 岩波書店
〒101-8002 東京都千代田区一ツ橋2-5-5
案内 03-5210-4000　営業部 03-5210-4111
https://www.iwanami.co.jp/

新書編集部 03-5210-4054
https://www.iwanami.co.jp/sin/

印刷・精興社　カバー・半七印刷　製本・中永製本

ISBN 978-4-00-431750-0　Printed in Japan

岩波新書新赤版一〇〇〇点に際して

ひとつの時代が終わったと言われて久しい。だが、その先にいかなる時代を展望するのか、私たちはその輪郭すら描きえていない。二〇世紀から持ち越した課題の多くは、未だ解決の緒を見つけることのできないままであり、二一世紀が新たに招きよせた問題も少なくない。グローバル資本主義の浸透、憎悪の連鎖、暴力の応酬——世界は混沌として深い不安の只中にある。

現代社会においては変化が常態となり、速さと新しさに絶対的な価値が与えられた。消費社会の深化と情報技術の革命は、種々の境界を無くし、人々の生活やコミュニケーションの様式を根底から変容させてきた。ライフスタイルは多様化し、一面では個人の生き方をそれぞれが選びとる時代が始まっている。同時に、新たな格差が生まれ、様々な次元での亀裂や分断が深まっている。社会や歴史に対する意識が揺らぎ、普遍的な理念に対する根本的な懐疑や、現実を変えることへの無力感がひそかに根を張りつつある。そして生きることに誰もが困難を覚える時代が到来している。

しかし、日常生活のそれぞれの場で、自由と民主主義を獲得し実践することを通じて、私たち自身がそうした閉塞を乗り超え、希望の時代の幕開けを告げてゆくことは不可能ではあるまい。そのために、いま求められていること——それは、個と個の間で開かれた対話を積み重ねながら、人間らしく生きることの条件について一人ひとりが粘り強く思考することではないか。その営みの糧となるものが、教養に外ならないと私たちは考える。歴史とは何か、よく生きるとはいかなることか、世界そして人間はどこへ向かうべきなのか——こうした根源的な問いとの格闘が、文化と知の厚みを作り出し、個人と社会を支える基盤としての教養となった。まさにそのような教養への道案内こそ、岩波新書が創刊以来、追求してきたことである。

岩波新書は、日中戦争下の一九三八年一一月に赤版として創刊された。創刊の辞は、道義の精神に則らない日本の行動を憂慮し、批判的精神と良心的行動の欠如を戒めつつ、現代人の現代的教養を刊行の目的とする、と謳っている。以後、青版、黄版、新赤版と装いを改めながら、合計二五〇〇点余りを世に問うてきた。そして、いままた新赤版が一〇〇〇点を迎えたのを機に、人間の理性と良心への信頼を再確認し、それに裏打ちされた文化を培っていく決意を込めて、新しい装丁のもとに再出発したいと思う。一冊一冊から吹き出す新風が一人でも多くの読者の許に届くこと、そして希望ある時代への想像力を豊かにかき立てることを切に願う。

（二〇〇六年四月）